도서출판 대장간은
쇠를 달구어 연장을 만들듯이
생각을 다듬어 기독교 가치관을
바르게 세우는 곳입니다.

대장간이란 이름에는
사라져가는 복음의 능력을 되살리고,
낡은 것을 새롭게 풀무질하며, 잘못된 것을
바로 세우겠다는 의지가 담겨져 있습니다.

www.daejanggan.org

성전과 예배당

교회 건물의 우상화를 비판한다

이 책은 기독연구원 느헤미야에서 《성전과 예배당》이라는
주제로 2016년 11월에 '영화 쿼바디스에 답하다' 3차 포럼을 정리한 것입니다.

07 성전과 예배당
교회 건물의 우상화를 비판한다

지은이	김동춘 권연경 조석민 유정훈
초판발행	2016년 12월 7일
펴낸이	배용하
책임편집	김동춘
등록	제364-2008-000013호
펴낸 곳	도서출판 대장간
	www.daejanggan.org
등록한 곳	대전광역시 동구 우암로 75-21 (삼성동)
편집부	전화 (042) 673-7424
영업부	전화 (042) 673-7424 전송 (042) 623-1424
분류	기독교 | 예배당 | 성전
ISBN	978-89-7071-394-6 (03230)
가격	7,000원

이책은 저작권의 보호를 받습니다.
기록된 형태의 허락 없는 무단 전재와 복제를 금합니다.

머리글

기독교가 성전종교와 건물종교로 전락했다.

우리 사회를 특징짓는 현상의 하나는 '과잉'이거나 '결핍'이다. 교회도 과잉인 시대다. 한 마디로 필요 이상의 교회가 너무 많다. 우리 주변을 둘러본다면 십자가 종탑을 내건 교회가 얼마나 많은지 알 수 있다. 과연 이 교회들은 하나님의 뜻에 따라 세워졌으며, 이 시대와 사회속에 존재이유와 존재가치가 충분한 교회일까? 아니면 과격하게 말해 필요 이상으로 너무 많은 교회들은 차라리 종교적 공해물은 아닐까 하고 생각해 볼 일이다.

그런데 역설적이게도 교회는 많은데, 가고 싶은 교회는 없다고 한다. '교회 과잉' 시대에 '교회 결핍' 시대를 살고 있는 것이다. 최근 들어 '교회 나가지 않는 그리스도인들'이 많아지고 있다고 한다. 그렇다면 이 탈교회 현상의 본질은 무엇일까? 그것은 교회로부터의 대이탈의 전조前兆인가? 아니면 거품신앙을 걷어내고 참된 신앙을 향한 목마름의 몸짓인가? 어쩌면 그들은 교회가 싫은 것이 아니라, 권위와 형식에 매어 예수정신에서 멀어진 교회, 신앙의 본질로부터 이탈하여 기복신앙, 번영신앙, 행복주의 종교로 전락한 기독교에 반발하면서, 복음과 구원, 그리고 하나님 신앙을 사사로운 이익종교로 변질시킨 그런 교회를 거부하는 것이 아닐까? 그들은 진정한 복음의 말씀이 선포되고, 복음적 원리대로 살도록 확신있게 가르치고, 예수를 따르는 제자도의 삶을 보여주는 그런 교회를 갈구하고 있는 것이다.

한국교회가 복음의 회복을 통해 근원으로 돌아가려면, '본질의 교회'의 회복이 필요하다. 결국 바른 교회관의 정립이 요청된다. 그렇다면 우리 시대의 교회관에 치명적인 악영향을 끼치는 오도된 교회관은 무엇일까? 우리는 그것을 이 시대의 교회가 '성전종교', '건물종교'로 전락된 것에서 해답을 찾고자 한다. 그런데 교회론의 문제는 구원, 하나님나라, 복음과 같은 주제처럼, 성경과 신학으로만 정리되기 어려운 주제라고 본다. 교회에 관한 문제는 '신학적 교회론'과 '경험적 교회론'을 동시에 고려해야 한다고 생각한다. 그만큼 교회문제는 신학자들의 사고를 맴도는 관념의 문제만이 아니라 교회현장에서 부딪히는 현실의 문제를 내포하고 있다. 그러므로 우리는 '본질의 교회'와 '현실의 교회'를 함께 끌어안고 이 주제를 고민해야 한다.

오늘날 교회 현장에서 설파되는 가장 대중화된 교회론은 '성전교회론'과 '건물교회론'일 것이다. '성전 교회론'은 목회현장에서 교인들에게 아직도 그럴싸하게 먹히는 논리로, 교회당을 마치 지상에 세워진 성스러운 무염수태적 공간으로 각인되어 있다. 그래서 성전에서 사역하는 주의 종(?) 목사들은 그 전殿에서 하나님과 신도사이를 연결하는 제사장적 사역을 대행하는 영적 권위자로 격상되고 있으며, 그렇게 성전으로 격상된 교회건물은 성도들이 감당해야 할 최고의 헌신의 목표가 되어 있다. 건물교회는 곧장 교회성장의 지렛대가 되어, 아직도 목회자들의 야망에서 포기할 수 없는 허망한 메가처치의 꿈을 향해 돌진하도록 설정되어 있다.

강단의 설교와 가르침은 교회의 신앙의식과 내용을 결정짓는 내재적 구성물이라면, 건물교회는 그렇게 내재된 신앙이 외적으로 가시화된 결과물이라고 할 수 있다. 한국기독교는 신자들의 신앙 역량을 건물교회에 쏟아 붓게 만들었다. 개척교회를 설립하고 제법 성장하는 교회를 일구어 낸 목회자들 경우 평생 목회하는 동안 2~3 번의 교회당 건축을 한다고 한다. 그렇다면 여기에 쏟아 붓는 천문학적인 건축헌금은 얼마나 될 것이며, 그 어마 어마한 '대성전'을 건설하느라 성도들은 얼마나 피땀 어린 물질헌신을 강요받았을 것이며, 그것을 감내해야만 했을까? 그러나 이 땅에 건물교회의 수가 증가한 만큼 그에 비례하여 우리 사회의 도덕질서와 사회구조는 성경적인 정신과 가치와 부합된 방향으로 형성되어 갔다고 말할 수 있는가? 교회 건물만 이곳 저곳 덩그러니 세워져 있을 뿐, 사실 속빈 강정이요, 그 속내는 허상과 거품으로 가득할 뿐이다. 그렇게 많은 교회당은 방방곡곡 건축되어 십자가 종탑은 올라가지만, 아직까지 한국교회 현상과 미래교회의 대안을 정직하게 진단하고 연구하여 예언자적인 목소리를 낼만한 버젓한 기독교연구소 하나 없는 실정이다.

후(post) 교회성장기에 모색하는 바른 교회를 향한 성찰

하나님의 은혜로 이 땅의 복음전래의 역사는 경이적인 성장과 발전을 이룩하였다. 길지 않은 복음화의 역사에서 예수 그리스도의 복음은 한반도 강산을 휘감아 돌아 비서구 기독교 국가로서는 유례없는 기독교 융성기라는 개가(凱歌)를 울렸다. 구한말 이 땅에 전래된 기독교는 양적, 물적 측면에서 소수종교로 출발하였으나, 순교, 핍박, 고난가운데 진행된 복음전도와 구령운동, 그리고 부흥운동을 거치면서 수많은 영혼들이 회심하여 교회로 찾아 왔고, 급기야 한국기독교는 놀라운 성장기를 누리게 되었다. 한국기독교가 급속도의 성장과 발전을 일구어 낸 교회 내적 차원의 원동력으로는 복음 전래 초기부터 활발했던 성령운동적 부흥회, 한국교회 특유의 새벽기도의 열심, 엄격한 주일성수와 십일조 생활에서 찾을 수 있다. 물론 교회성장의 동인으로 작용했던 이러한 특징들은 상대적으로 신앙의 전망을 '세상속의 기독교'가 아닌 '교회안의 기독교'로 가두어 놓았으며, 이원론적 세계관과 내세지향적이며 현실도피적 종말관에 영향을 끼쳤으며, 그 결과 역사안에서 교회의 책임을 등한시했다는 비판은 지극히 당연하다고 하겠다.

성장기 이후 한국기독교는 어디로 가고 있는가? 오늘의 기독교는 침체기와 쇠퇴기를 논할 정도로 총체적인 교회 위기상황에 봉착해 있다. 이제 그러한 교회의 위기를 지난날의 개발성장시대의 패러다임이나 "어게인 1907"같은 감동적인 구호로는 아무런 해답을 주지 못할 것이다. 오히려 지금부터 한국교회의 강단 설교, 성경공부, 기도행위, 헌금, 주일성수, 교회건축, 신앙인들의 사고의식 등 기독교적 사고방식과 삶의 방식을 근본적으로 재조명하는 작업이 필요한 시점이다.

한국교회를 향한 반성적 작업가운데 성전교회라든가 건물중심의 교회관은 가장 시급히 교정하고 정리해야 할 문제라고 생각한다. 무엇보다 오늘의 교회현상에서 교회로부터 이탈하는 '탈교회 현상' 이라는 신앙동향도 주목해야 한다. 여기에 교회당 중심의 신앙구조는 교회안에 불어 닥친 불길한 신앙현상에 해답을 주기에는 너무나 역부족이며 협소한 신앙관이다. 그리스도인의 신앙의 장소를 교회당에 한정짓는 사고는 크나큰 잘못이다. 오히려 교회 밖의 세상 전체가 신자의 삶의 자리요, 싸움터이다. 그리스도는 교회당안의 주님만이 아니라, 온 세상의 삶의 모든 영역에서 주님이시다. 더구나 교회당 건축의 열정이 헌신의 척도가 되어서는 안된다. 교회건축에 헌금을 바친 액수나 양이 곧바로 신앙의 기준을 삼는 이러한 관행이 얼마나 한국교회를 병들게 했는가. 세상을 향해, 그리고 세상속에서 증거되어야 할 믿음의 증거가 얼마나 교회당안에서만 맴돌게 했는가. 이 왜곡된 교회관이 얼마나 심각한 결과를 초래했는지 깊이 반성해야 할 부분이다.

그런 점에서 이번에 발간된 이슈북은 한국교회의 건물중심의 교회론을 되짚어 보는 글이다. 먼저 김동춘 연구위원은 건물교회론이란 주제를 가지고, 교회건물이 현실적으로 필요한 측면이 있음을 환기시키면서도, 건물교회가 본질의 교회를 대체하는 교회론의 문제점을 소개하고 있다. 권연경 연구위원은 한국교회의 교회관의 밑바닥에 흐르는 성전 교회론에 대한 잘못된 이해를 바로 잡

아주기 위해 성경신학적 관점에서 "성전" 개념이 무엇인지 다각도로 분석하고 있다. 조석민 연구위원은 교회를 "예배공간"의 관점에서 살펴보면서 신약성경에서 교회의 예배공간이란 어떤 의미를 지니는지 정밀하게 설명해 주고 있다. 유정훈 변호사는 사랑의 교회 건축 과정을 사례로 삼아 교회건축이 사회법의 차원에서 적법절차를 밟지 않은 채, "하나님이 다 하셨습니다"라고 신앙적으로 처리하는 교회관행의 심각한 문제점을 날카롭게 지적하면서, 교회 건축행위가 신앙의 영역에 속한 것처럼 바라보는 착각에서 벗어나서 반드시 공공의 법 질서를 준수하면서 진행되어야 함을 소개하고 있다.

부디 이 글들이 한국교회의 바른 교회관을 형성하는데 도움이 되기를 바라는 마음으로 한국교회를 염려하고, 바른 교회를 꿈꾸고 희망하는 이들에게 신선한 자극과 도움이 되길 바란다.

2016년 11월 기독연구원 느헤미야

차례

건물 교회론을 검토한다: 현실의 교회와 본질의 교회 _ 김동춘　　15

성전 교회론의 실천적 함의 _ 권연경　　49

예배와 예배공간: 경건의 표상인가? 포장된 탐욕인가 _ 조석민　　75

하나님의 교회와 인간의 법: 하나님이 다 하셨습니다 _ 유정훈　　97

1장

건물 교회론을 검토한다
현실의 교회와 본질의 교회

김동춘
기독연구원느헤미야 연구위원
국제신학대학원대학교 조직신학

건물 교회론을 검토한다
현실의 교회와 본질의 교회

김동춘

현실의 교회와 본질의 교회

　한국교회에 '교회 호황기'였던 시절이 그랬다. 교회를 개척하면 성도들이 금세 모여들었고, 성도가 모이면 주저없이 교회건축 총동원령이 내려졌고, 건축헌금을 위해 전심을 다해 교회건축에 전력을 기울이던 시절이 있었다. 교회당 건물이 건축되고 난 후, 비로소 그 교회는 명실상부한 '교회'로 인준받던 시절이 있었다. 그리고 건축된 교회는 곧장 더 큰 교회로 성장하는 지름길로 통했다. 그리하여 교회건축은 모든 목회자들의 로망이었으며, 목회사역의 종착지였다. 성공적인 목회자로 인정받는 기준점은 교회건축을 이루어냈느냐에 달려 있었다. 한 마디로 말해 교회건축은 목회사역의 시작과 끝이요, 알파요, 오메가였던 셈이다. 종교개혁기에 교회의 생사가 달린 문제는 '믿음을 통한 은혜에 의한 구원'이라는 칭의론이었다. 그러나 교회 성장기의 한복판에 서 있던 한국교회의 목회현장에서 그것은 '복음의 본질'도, '복음의 내용'도 아니라, 그저 신자들의 회집공간에 불과한 '건물교회'를 세우느냐에 달려 있었다. 신학교에서 신학교수들이 가르치고 신학생들이 배웠던 교회론ecclesiology은 목회현장에서는 한낱 휴지조각이 되고 말았다. 신학교과서가 말하는 교회의 표지nota ecclesiae와 목회현장에서 암묵적으로 회자되어 널리 공인된 교회의 교회됨 사이에는 너무나 멀리 동떨어져 있었기 때문이다. '교회의 본질은 건물에 있지 않다' 라는 말은 그저 목회에 실패한 무능한 목회자의 자기 합리화나 넋두리로 밖에 들리지 않았다.

그러나 한국교회가 정체기 혹은 쇠퇴기로 접어들고 있는 오늘에 와서 건물교회에 대한 목회자와 평신도들의 인식은 엄청나게 변화하고 있다. 건강한 교회를 꿈꾸는 교회의 목회철학과 교회의 가치에는 "우리 교회는 교회 건물을 소유하지 않습니다"는 표어가 자주 등장하고 있다. 건강한 교회와 대안적인 신앙공동체를 추구하는 목회자들과 신앙인들의 의식속에서 건물교회에 대한 맹목적인 추종현상을 타파하면서 바른 교회관이 서서히 움트고 있다는 것은 얼마나 다행스런 현상인지 모른다. 교회를 성전聖殿시하고, 웅장한 교회건물을 교회왕국화하는 헛된 시도들은 반드시 척결해야 할 것이다. 그러나 여기에도 너무 지나치면 미치지 못한 것과 같다過猶不及. 건물교회를 교회의 본질을 저해하는 가장 위험한 적으로 간주하는 그 이면에 깔려있는 건물 교회에 대한 현실적 필요에 대해서도 냉정한 이해가 필요하다. 건물교회를 추앙하는 우상숭배적 사고 못지않게 건물교회를 무조건 죄악시하는 사고 또한 일종의 과잉논리이다. 이 점에 대한 우리의 적절하고도 공정한 인식을 공유할 필요가 있다.

교회의 이중성: 신학적 교회와 경험적 교회

교회에 관한 문제를 논할 때, 반드시 고려해야 할 것이 있는데, 그것은 교회의 두 가지 상반된 차원, 즉 교회의 이중성이다. 교회는 지상에 세워진 영적 기관이다. 교회는 신적 차원과 인간적 차원이 동시에 공존한다. 교회는 천상 교회이면서 지상 교회이며, 제도institution이면서 신비적 친교mystical fellowship이며, 그리스도의 몸이지만, 신자들의 모임이기도 하다.[1] 교회의 원초적인 기원은 하나님에 의해 설립된 신적 기관이지만 그것의 역사적인 형성 기원은 사람들에 의해 설립된 인간적 기관이기도 하다. 교회의 지체들은 혈과 육에 의해 기원된 인간적인 구성체가 아니지만, 역설적으로 그들은 유대인들의 교회이거나 헬라인들의 교회이고, 백인 앵글로 색슨의 혈연적 인간들의 교회이면서 흑인들과 가난한 민중들로 구성된 역사적 실재이다. 바로 이러한 점에서 우리는 신학적 교회theological church를 말해야겠지만, 동시에 경험적 교회empirical church도 고려하지 않는다면, 그 교회론은 현실의 교회가 아닌 저 허공의 관념속에나 존재하는 교회일 뿐이다. 교회는 '본질'과 '형태'로서 존재한다.[2] 그러므로 우리가 건물교회를 말할 때, '본질의 교회'와 함께 현실속에 존재하는 '현실의 교회'를 함께 고려하면서 이 문제를 고민해야 한다.

I. 건물교회의 필요성: 왜 교회는 건물이 필요한가?

1. 건물교회가 필요한 측면

건물교회는 뒤틀린 교회관에 따른 욕망인가, 아니면 현실적인 필요물인가? 건물교회에 대한 끝없는 욕망과 동경은 비판해야겠지만, 그렇다고 하여 모든 건물교회의 현실적 필요를 부정할 수는 없을 것이다. 건물교회와 비건물교

---

[1] 교회의 이런 차원에 대한 안내서로는, 에버리 덜레스, 『교회의 모델』, 김기철 역, (서울: 한국기독교연구소, 2003), 39-70.
[2] 한스 큉, 『교회』, 정지련 역, (서울: 한들, 2007), 37.

회를 선과 악, 옳음과 그름으로 구분짓는 단순도식에는 논리적 맹점이 있다. 건물교회로 존재하는 교회에도 성경적 원리에 따라 순수한 교회를 만들어 가려고 몸부림치는 참된 교회들이 얼마든지 많으며, 반대로 교회건물은 없지만 부패와 타락으로 물든 교회들이 얼마든지 있을 수 있기 때문이다. 건물교회는 절대악이며, 건물없는 교회는 절대선이라는 이분법적 단순도식과 흑백논리적 사고는 경계할 필요가 있다. 여하한 건물교회는 전혀 무용한 것이며, 어떤 경우라도 건물교회는 부정 비판되어야 하는지 정직하게 되물을 필요가 있다.

1) 회집장소로서 건물교회

예배당은 기본적으로 그리스도를 주님으로 고백하며 교회 공동체를 형성하여 신앙생활에 힘쓰는 신자들의 예배처소이다. 건물교회의 과잉은 비난받아야 하겠지만, 교회당을 중심으로 이루어지는 정기적인 공예배와 신앙교육, 그리고 규칙적인 기도회나 다양한 친교활동을 위해 예배당은 현실적으로 필요한 공간이다. 그런 점에서 현실적인 측면에서 건물교회를 아예 부정할 수는 없다. 일반적인 형태의 교회를 운영할 때, 교회건물없이 교인들을 목양하면서, 목회를 안정적으로 지속시켜 간다는 것이 현실적으로 얼마나 어려운 일인지 목회현장에 몸담고 있다 보면 그 점을 체감하게 된다. 교회는 매주 정기적인 예배가 열리고, 기도모임과 성경공부와 신앙훈련, 그리고 각종 회의와 부서모임이 이루어지는 곳이므로, 교회건물이 없을 경우 일반적인 형태의 교회운영과 신앙생활이 그리 쉽지만은 않다는 것을 알 수 있다.

그런 점에서 교회 건물을 보유하지 않는 것을 교회의 순수성과 개혁성을 보여주는 보증수표인 것처럼 과신하는 섣부른 판단은 유보되어야 한다. 건물교회를 포기하는 태도는 교회의 본질과 의미를 외형적으로 웅장하게 지어 올린 건물에 두지 않고, 순전한 성도의 교제로서 교회를 지향하겠다는 자세이거나, 교회건축에 소요되는 천문학적 재정을 선교와 사회봉사에 사용하겠다는 교회관에 토대를 둔 것이라면, 마땅히 응원해야 하고, 칭찬받아야 할 건강한 교회관이라 할 수 있다. 그러나 교회건물없이 공공기관 등을 이용하는 교회라 해도 주일만 예배공간으로 사용하면서 상당한 임대비를 지출하는 경우도 많다. 그런 공공건물은 새벽기도회나 주중 예배모임을 자유롭게 사용하지도 못하면서도 상당한 재정지출이 소요되기 때문에, 실용적인 측면에서 볼 때 의외로 곤란한 상황이 발생하는 경우도 고려해야 한다. 그러므로 현실의 교회에서 건물없는 교회가 반드시 이상적인 교회만이 아닐 수 있다.

2) 종교생활의 구심점으로서 건물 교회

평균적인 신앙을 가진 신자들은 자신들이 거주하는 주변에 위치한 '건물로 세워진 교회'를 정하여 출석하는 경우가 대부분이다. 교회관에 대한 특별한 문제의식이나 비판의식이 없는 평범한 신자들은 교회출석이 편리한 '건물이 있는 교회', 자녀들이 체계적인 신앙교육을 받을 수 있는 '시설이 갖추어진 교회', '주차장이 구비된 교회'를 선호하기 마련이다. 그런 조건을 갖춘 교회라면 거의 대부분 건물교회일 것이다.

그런데 최근 평신도들의 신앙생활의 패턴에 상당한 변화의 조짐이 관찰되고 있다. 그 변화의 하나는 '신앙생활은 곧 교회생활'이라는 등식이 깨진 것이다. 다시 말해 교회중심의 신앙생활의 패턴에 큰 지각변동이 찾아 왔다는 것이다. 지난날 평신도들은 자신들의 신앙을 유지. 성장. 발전해 가는 동력을 교회생활에서 찾았으며, 교회를 이탈하는 것은 기독교 신앙을 상실하는 것으로 인식되어 왔으나, 최근 소위 '가나안 성도'로 명명된 '탈교회 현상' 혹은 '교회 나가지 않는 그리스도인' churchless christians이 출현하면서 이러한 흐름에 대한 면밀한 관찰을 필요로 하게 되었다. 많은 경우 교회를 출석하지 않는 현상이 빈번해졌고, 설사 교회출석을 하더라도 지난날처럼 교회당 중심의 신앙패턴에 충실하지 않고, 다분히 습관적이고, 형식적인 교회출석으로 신앙의 명맥을 유지하는 사례도 증가하고 있다. 이것은 한국교회 신자들의 신앙흐름이 교회당 중심의 신앙방식이 점차 감소하면서, 상대적으로 성경연구, 독서모임, 신학아카데미, 방송설교나 특별집회와 같은 교회 밖의 신앙교육의 기회가 증가하면서 기존교회로부터 이탈하는 탈교회 현상이 두드러지게 나타나고 있다.

    그러나 이러한 탈교회 현상에도 불구하고 전통적이면서 보편적인 신앙생활의 형태는 여전히 교회당 중심의 신앙이 절대 다수의 신앙방식으로 이루어지고 있다. '가나안 성도'로 불리우는 탈교회 현상이 등장했다 하여 교회당 중심의 전통적인 신앙형태가 일거에 사라지는 것은 아니다. 왜냐하면 패러다임 변이paradigm shift란 과거의 패러다임이 물러가고, 전적으로 새로운 패러다임으로 대체되는 것이 아니라 이 두 개의 패러다임이 역설적으로 공존하면서 역사의 변화가 천천히 진행되기 때문이다. 여전히 신자들에게 종교생활의 구심점은 건물교회를 중심으로 형성되고 있다. 교회쇄신 그룹이 염원하는 것과 달리, 거리교회광장교회, 카페교회, 복지센터 교회, 공공시설을 사용하는 건물없는 교회의 형태들은 교회의 주류적 존재방식이 되지는 않을 것이다. 새로운 교회의 시대가 도래할지라도 여전히 건물교회는 주류적 교회 형태로 남을 것으로 예상한다. 건물없는 교회야말로 참된 교회의 본질에 일치한다는 것이 교회쇄신을 추구하는 그룹에게 규범적 원칙이겠으나, 그와 별개로 전통적인 교회상이 과감하게 혁신되고, 신앙방식과 신앙사고에서 구태의연한 교회들이 대안적인 교회들로 대체되어 새로운 크리스텐덤의 시대가 열리기를 소망하는 염원과 별개로 대부분의 현실교회는 앞으로도 건물교회의 방식으로 존속하게 될 것이라고 말하는 것이 객관적인 판단일 것이다.

물론 건물교회가 현실교회의 영역에서 여전히 유효한 교회의 존립형태라고 하여, 건물교회를 '성전' 시하여 이를 추앙하고, '건물의 교회'를 '본질의 교회'인양 당연하게 받아들여야 한다는 것은 아니다. 현실교회의 목회 현장에서 만나는 건물교회의 필요에 대해서는 긍정해야 하지만, 그렇다고 비성경적인 건물교회론을 무조건 추종해야 할 교회관이 아님은 너무나 자명하다. 결론적으로 말한다면, 건물교회가 지니는 비성경적인 교회관에 대한 비판을 이유로 현실의 교회 현장에서 건물교회의 존재이유와 그 필요 자체를 아예 부정할 수는 없다는 것이다.

3) 종교적 상징미학 및 거룩의 접촉점으로서 건물교회

교회건물은 단순히 물리적인 회집공간만이 아니다. 예배당은 종교적 상징미를 표현하는 통로로서 종교적 경이감과 신비감을 느끼는 장소가 된다. 특히 종교적인 미적 감각이 투영된 교회건물은 거룩의 접촉점으로서 의미가 있다. 물론 교회건물 자체가 무슨 신비적 은총의 효능이 있다고 말하거나 그것이 하나님을 만나는 '효과적인' 접촉점이 된다는 사고는 개신교 신학의 전통과 거리가 멀다. 개신교 신학 일반에서 하나님을 만나는 유일한 접촉점은 예수 그리스도외에 다른 접촉점이 있지 않다. 개신교 교회론에 따르면, 참된 교회란 하나님 말씀을 선포하는 것에 있다그리고 교회가 선포하는 하나님의 말씀은 예수 그리스도에 관한 말씀이며, 기록된 하나님의 말씀인 성경은 그리스도를 계시한다. 반면 가톨릭교회는 "주교가 있는 곳에 교회가 있다"고 함으로써 교회의 교도권과 사제적 기능을 교회의 본질적 기능으로 이해하며, "성례가 집례되는 곳"에 은총의 현존이 있다고 함으로써 교회의 성례전적 기능을 교회의 본질로 파악한다. 그러나 개신교 교회는 "말씀이 있는 곳에 교회가 있다"고 말한다. 교회는 하나님의 말씀이 선포되는 곳이며, 그리스도에 대한 믿음을 가진 신자들이 말씀을 듣는 곳이며 교회란 '듣는 교회'이다, 말씀을 믿음으로 받아들임으로 아멘이 일어나는 곳, 즉 신앙사건이 발생하는 거기에 교회가 존재한다. 그러므로 개신교회에서 '말씀'과 '성례'는 교회에 주어진 두 가지 은혜의 방편이지만, 여기에서도 '성례없는 말씀'은 가능해도, '말씀없는 성례'는 있을 수 없을 만큼 말씀의 역할이 교회의 본질적 요소가 된다. 이처럼 성례조차도 '가시적인 말씀'으로 이해하고 있으니, 개신교에서 예배당은 아무런 은총의 통로나 매개로 이해될 수 없으며, 단지 예배공간으로서 의미만을 갖게 된다.

반면 가톨릭교회에서 성당^{聖堂}은 단순히 예배공간이나 회집의 장소라는 의미를 넘어 종교적 거룩성을 가시적으로 보여주고, 성사 sacrament의 매개공간이다. 가톨릭교회에서 '성당'은 하나님을 경배하기 위해 축성하는 거룩한 건물이며, 미사에 참여하기 위해 모이는 장소이자, 성체안에서 현존하는 하나님의 거처하는 장소이다.[3] 그래서 성당 내부는 인간과 하나님사이의 구원의 접촉점이자 상징물로 가득하다.

일부 개신교 신학자들과 목회자들은 예배당안의 어떠한 종교적 상징물도 금지한다. 심지어 예배실에 십자가를 부착하는 것 조차도 '십자가 우상화'니 '십자가 숭배'라 하여 배척하고, 목사들의 성직칼라로만 칼라도 가톨릭의 성직주의로 가는 타락의 길이라고 하여 금지해야 한다고 주장한다.[4] 물론 우리는 예배당 자체가 무슨 초자연적인 신비를 발휘하며, 은총의 효능이 있다고 믿지 않

---

[3] 박도식, 『가톨릭 교리사전』, (서울: 가톨릭출판사, 2012), 145–46.
[4] 이승구, "강단 십자가 부착 금지, 그 신학적 의미", 『목회와 신학』, 318(2015년 12월호), 160–163.

는다. 은총은 하나님의 말씀을 듣는 신자의 믿음안에서 전달되어 효과를 발휘한다. 그러나 목사나 신부가 은총의 중보자로서 사제적 권위와 역할을 부여받았다는 것은 부인하지만, 교회당내의 예술적 감각들로 표현된 종교적 상징물이 인간안에 원초적으로 내재된 종교성을 자극하여 신적 감지력sense of divinity을 돕는 역할을 한다고 생각한다.5) 구약의 제사의식은 폐하여 졌지만, 여전히 예배의식과 예전적 과정은 하나님을 만나고 경험하는 도구가 될 수 있으며, 성전도 제사도 모두 폐하여 졌지만, 그래서 우리에게 하나님을 만나는 유일한 접촉점은 최종적인 하나님의 계시인 예수 그리스도외에 다른 접촉점이 없기는 하지만, 자연물과 도덕성과 종교성조차도 일반계시의 방편으로 하나님을 인식하는 길이라고 할 때, 교회당의 예술적 감각들은 인간의 종교적 감수성을 일깨우며 하나님을 경험하는 어느 정도의 역할을 할 수 있다. 그런 점에서 개신교회는 하나님의 신비와 종교적 경험을 체험하고 감지하도록 이끌어 주는 교회건축물과 종교적 상징물들, 그리고 예전禮典에 대한 예술신학적 사고의 훈련이 필요하다.6)

2. 건물교회로 존재하는 교회유형: 어떤 경우에 건물교회로 존재하는가?

1) 전통적이며 보편적인 형태의 교회

역사적으로 교회는 건물을 교회당으로 사용해 왔다. 예수의 부활과 성령강림 이후 태동된 예루살렘교회도 성전에서 모이거나 가정집에서 모였다행2:46. 기독교가 합법적인 종교로 공인된 이후 많은 신자를 수용하기 위해 교회는 큰

---

5) 물론 개신교회는 가톨릭교회처럼 인간의 자연본성안에 내재된 원초적 종교성을 자극함으로써 초자연적 은혜의 빛으로 양양된다고 말하지 않는다.
6) 참조. 심광섭, 『예술신학』, (서울: 대한기독교서회, 2010).

건물이 필요했고, 그래서 바실리카Basilica에서 회집하게 되었다. 그러므로 역사 속에 존재했던 대부분의 교회는 건물교회로 존립해 왔다는 것을 부정할 수 없다. 가톨릭교회, 동방정교회, 개신교회들은 자신들의 교파적 신조와 신앙고백에 기초하여 교회를 건립했을 때, 대부분 건물교회를 건립하는데 힘썼으며, 건물교회를 중심으로 교회 공동체를 유지, 발전, 성장시켜 왔다. 그러나 역사상 교회형태가 건물교회로 존립했다는 그러한 전통과 보편성이 곧 교회 형태의 불변의 절대규범이 아니라는 점은 분명하다.

2) 지역교회적 성격을 띠는 교회

개별교회가 특정한 그룹이나 특정계층으로 구성된 공동체일 경우, 예를 들어 장애인 교회, 이주민 교회, 이혼자들의 교회 등으로 구성되어 있다면, 지역교회적 성격을 탈피할 수 있지만, 연령과 직업, 계층적 차이를 뛰어 넘어 한 지역의 광범위한 사람들을 대상으로 목회하는 교회라면, 당연히 지역교회local church 성격을 띠게 된다. 대부분의 지역교회는 그 지역에서 건물로 존재하는 경우가 일반적이라고 할 수 있다.

3. 건물교회의 필요를 부정하는 교회유형: 어떤 경우에 건물없는 교회로 존재하는가?

1) 박해로 인해 건물교회를 건립할 수 없는 교회

박해중에 있는 교회는 건물교회를 건립할 수 없다. 중국 교회에서 삼자교회가 아닌 가정교회는 공안 당국의 허락없이 공개적으로 예배드릴 수 없기 때문에 건물교회를 보유하고 있는 경우가 드물고,⁷⁾ 북한의 지하교회 성도들은 더더욱 합법적인 신앙생활이 보장되어 있지 않으므로 건물교회를 갖지 못한다.물론 북한에도 당국의 인준을 받은 봉수교회는 건물교회이지만, 이는 매우 예외적인 경우다. 초기기독교에서 박해시대의 교회가 그러했으며, 공산주의 치하에서 신앙의 자유를 획득하지 못한 지하교회 성도들은 신자들의 교회로서 존재했을 뿐, 공개적인 교회당을 세울 수 없었다. 분명한 것은 어느 시대에나 교회건물을 건립할 수 없었던 박해시대는 참된 신앙과 거짓된 신앙을 걸러내어 순교적 신앙인을 배출했지만, 기독교 복음의 보편화와 신앙생활의 자유와 활성화에 저해를 줌으로써 기독교의 확산에 위축을 초래한 것은 사실이다.

2) 자발적으로 건물없는 교회로 존립하는 교회

특수목적으로 운영되는 교회

지역교회적 성격이 아닌 교회, 즉 이주 노동자들의 교회, 장애인들의 교회, 독신자들의 교회, 의료인들의 교회, 독서모임의 교회, 카페교회, 복지센터 교회 등, 특수한 계층이나 특수한 목적으로 세워진 교회는 대체로 교회건물을 소유하지 않는다. 이러한 교회는 자신들의 특수한 목적에 충실하므로 주중 내내 사용할 교회공간을 필요로 하지 않는다.

가정교회

가정교회는 처음부터 건물교회를 극복하기 위한 대안으로 등장한 교회이다. 가정교회의 교회관은 "교회는 건물이 아니다". "교회의 본질은 신자들의 모임 그 자체에 있다"고 말한다. 가정교회는 교회의 본질은 건물이 아니라, 신자들의 친교이며, 성직계급과 평신도의 위계적 차이를 허물고 평등한 관계를 형

---

7) 일부 지역에 따라 가정교회도 예배당을 보유하고 있기도 하지만, 당국과 자주 충돌하고 있다.

성하면서, 모든 교인들이 말씀을 함께 공유하는 요소들을 교회의 핵심가치로 사고한다.

그러나 모든 가정교회가 건물교회를 극복할 목적으로 가정교회를 취하지는 않는다. 가정교회로 출발하는 교회가운데 임대비나 목회자 사례비 등의 재정 자립의 현실적인 어려움 때문에 가정집에서 시작되는 경우가 많다. 이런 가정교회는 얼마간의 신도수가 모이면 건물교회로 이전하게 되므로 가정교회의 형태는 임시적인 방편에 불과하다.

목회 이중직의 교회

상담 전문가, 복지활동가, 택시기사, 학원강사, 번역가, 아르바이트 등 교회로부터 생계지원을 받을 수 없어 목회와 생계활동을 겸하는 이중직 목회자이거나 또는 교회로부터 물질적 댓가를 받고 복음사역을 하는 것을 복음적 원리에 어긋난다고 생각하여 자원적으로 목회 이중직을 선택하는 목회자들 경우에 주중에 생계활동에 시간을 할애해야 하므로 전적으로 목회 사역만을 전담할 수 없어 교회건물을 갖지 않는 경우가 대부분이다. 이처럼 목회 이중직의 교회에도 현실적인 필요에 의한 형태와 교회의 본질을 구현하고자 하는 두 측면이 동시에 존재하고 있는 것이다.

탈교회 그리스도인들의 교회(실존적 신앙인들, 무교회주의자들)

통상적인 신앙인들처럼 주일성수, 십일조생활, 직분자로서 교회봉사 등 제도교회의 기준에 따른 신앙생활에 매이지 않고, 기존교회의 신앙형식과 틀에서 벗어나려는 신앙인들은 그리스도인의 삶과 신앙의 본질을 제도교회의 관행과 기준에서 탈피하여 근본적으로 새로운 방식의 신앙인의 길을 모색하고자 한다. 따라서 그들에게 건물교회같은 외형적 조건은 전적으로 배격된다. 실존적 신앙인들은 그리스도인으로 산다는 것이 반드시 교회라는 종교집단과 제도에

묶여 있어야 한다고 생각하지 않으며, 무교회주의자들은 교회당 무용론 차원을 넘어서서 교회라는 제도와 형태 자체를 근본적으로 사고함으로 급진적인 교회론을 재구성하려고 한다. 그들은 예수를 따르는 길을 반드시 교회에 속해 있는 것이라고 생각하지 않으면서, 교회 자체를 근본적으로 사고하고자 한다.

II. 건물교회의 허구와 문제점: 왜 건물교회는 비판되어야 하는가?

1. '건물로서 교회'가 '교회의 본질'은 아니다.

교회가 사회속의 종교기관 또는 종교체제로 존재하는 한 교회건물은 교회를 구성하는 한 요소에 속한다. 교회가 단지 이념, 정신, 삶의 가치만이 아니라 사회의 공공 영역에 실재할 때, 교회당은 교회의 한 요소이다. 왜냐하면 일반적인 형태의 개교회particular church는 교역자성직그룹, 교인신도, 예배당교회건물이라는 세 가지 요소들을 보유하기 때문이다. 교회의 내용적인 요소는 복음, 십자가, 하나님나라와 같은 것들이지만, 현실의 교회는 그것만으로 존재하지는 않는다. 교회를 유지하고, 운영하기 위해서는 교회법, 교회행정, 물적 자산과 같은 여러 종류의 물리적 요소들을 구비되기 마련이다. 그러므로 교회가 제도교회의 틀안에서 존재할 때, 교회건물은 어느 정도 필요한 요소라고 할 수 있다.

그러나 정말 교회당 건물없이는 교회가 존재할 수 없는가? 아니 더 근본적인 질문을 던지자. 교회가 건물인가? 교회건물은 단지 신자들의 예배공간이요, 신자들의 거처에 불과한 것인데, 왜 건물이 교회의 본질인양 되어버렸는가? 교회건물은 현실적으로 필요한 것이지, 그것이 없으면 교회를 이루지 못하는 본질의 요소는 아니다. 교회당은 한낱 예배를 위한 공간이요, 시설에 불과한 물리적 공간뿐이 아닌가?

    왜 건물교회를 문제삼아야 하는가? 그것은 건물만이 교회의 전부라 할 수 없기 때문이다. '건물로서 교회'를 세우고, 확장하는 데는 지극한 충성과 열성을 쏟아 부으면서, 정작 '본질의 교회'를 세우고 추구하려는 지난한 노력과 몸부림은 드물기 때문이다. 결국 '건물로서 교회'가 '교회의 본질'을 대신하고 있기 때문이다. 철근 콘크리트 건물에 온갖 성물들이 채워지면 교회가 되는 것일까? 교인 한 명도 없는 임대상가에 성도들의 헌금으로 다양한 예배 기물들을 진열하고, 최고 수준의 인테리어가 되어 있다 해서 그것이 곧 교회는 아니다. 아직 입주도 되지 않은 신도시 예정지 허허벌판에 우뚝 솟은 교회건물은 단지 기업형 교회 건물이 들어선 것뿐이지 그것이 교회라고 할 수 없다. 고급스런 장의자, 크리스탈 강단, 고급스런 실내장식에 수천, 수억원을 투자했다 하더라도 믿음의 공동체가 없는 교회, 참된 예배로 모이지 않는 교회, 온전한 복음이 선포되고 제자도의 삶이 실천되지 않는 곳이라면 예수 그리스도의 교회라 할 수 없다.

    한국교회 목회자들이 지니는 교회관의 치명적인 오류는 교회됨의 본질적 요소를 등한시하면서 교회 건물을 소유하면 마치 그곳이 교회가 된다고 하는 착각이다. 화려한 외형을 갖춘 교회 건물이 교회의 본질을 대체해서는 안 될 것이다. 오히려 교회의 본질적 행위가 이루어지는 곳이라면 그곳이 가정이든, 창고이든, 커피숍이든, 공공시설이든, 길거리이든 아무 상관없다.

2. 성전으로 전이된 건물교회

    한국교회에 뿌리깊게 만연된 교회에 대한 가장 치명적인 오류와 왜곡은 예배당 건물을 성전聖殿으로 사고하는 것이다. 교회당 건물을 성전시하는 사고는 일종의 한국교회에 깊숙이 안착된 대중신학popular theology의 하나로서 콘크리트 건물로 지어진 예배당을 영적이며, 천상의 성전으로 격상시킨 것이다. 교회의 성전 사고는 단순히 예배 공간이며, 물질적이며 외형적 건물을 영원한 영적 경배의 대상으로 환원시켜 버리는데 있다.

건물교회가 '본질의 교회'로 왜곡된 이유로는 구약의 성전 개념을 오늘의 교회 개념으로 잘못 차용한 결과라 할 수 있다. 구약의 성전은 하나님과 인간의 중보자이신 그리스도의 계시 이전에 동물의 희생제물로 시행된 속죄의 장소였다. 성전은 속죄제사를 통해 인간과 하나님의 제의적 친교가 이루어지는 성별된 장소였다. 당연히 구약의 이스라엘 백성들의 하나님과의 친교 생활은 성전 중심으로 이루어졌다.

그러나 새 언약의 중보자이신 그리스도께서 영원한 화목제물이 되심으로 우리를 위한 속죄와 화해 사역을 실행하심으로써 성전의 제사의식은 종결되었다. 이제 구약의 대제사장을 통한 속죄가 아니라 그리스도의 십자가의 속량으로 주님을 고백하는 모든 믿는 자들의 공동체 안에서 성령의 사역으로 이루어진다. 따라서 성전을 중심으로 하나님의 축복이 흘러넘친다거나 강단을 '제단'으로 칭하거나 목사를 축복과 사죄의 중개자로 부각시키면서 레위지파로 지칭하는 것은 더 이상 성전이 존재하지 않는 신약적 관점에도 일치하지 않을 뿐 아니라 '전신자 제사장직' every believer's priesthood을 강조했던 종교개혁의 원리에도 부합하지 않는 것이다.

많은 목회자들이 교회건축 할 때, 솔로몬의 성전 건축 본문을 가지고 교인들에게 헌금을 독려하지만, 분명한 것은 그 교회는 '예배당' 시설을 건축하는 것이지 '성전' 건축하는 것이 아니다. 그렇다면 교회 건물이 결코 성전이 아님에도 불구하고 많은 목회자들이 건물교회를 '성전화' 하는 이유는 무엇일까? 많은 목회자들이 유독 교회 건물을 '성전'聖殿이라 부르려 하고, 교회당의 부속 기물들을 '성물'聖物로 지칭하면서, 목회자를 구약의 '제사장직'이나, '성직'聖職으로 부름으로써 사제주의를 강화하는 이유는 교회당이라는 특정한 영역을 신성화함으로써 '보이지 않는 주님'을 향한 경배심을 '보이는 건물'로 연결하여 여기에 충성과 헌신을 쏟게 함으로써 그것을 목회자에 대한 절대적인 충성심을 강화하게 하여 교회성장의 효과를 기대하고 있는 것이다. 한국교회 목회자들은 거의 이단적인 수준의 성전숭배를 유도함으로써 신자들의 충성의 자리를 교회당에 붙들어 두었으며, 그 결과 교회 밖의 세상에서 바른 신앙인의 삶은 아무렇지 않게 살아도 되는 것처럼 양육했다. 비단 그것이 성전뿐이겠는가? 예를 들어 많은 목회자들은 "너희 보물을 하늘에 쌓아두라"마6:19는 예수의 말씀을 설교할 때, '쌓아둘 하늘'을 십일조나 건축헌금으로 연결하여 가난한 자들을 위한 구제의 가르침을 교회의 회계장부를 풍족히 만들라고 설교했다. 뿐만 아니라 '힘에 지나도록' 연보한 고린도교회의 헌금고후8:3은 구제헌금이었지만, 그것이 설교로 적용될 때는 거의 대부분 건축헌금 명목으로 적용했다. 이 얼마나 가증스런 교회숭배적 사고인가?

3. 욕망의 투사물이자 사적 소유물로 전락된 건물교회

목회자들은 건물 교회를 숭배한다. 그들의 목회업적의 종착지는 건물교회를 짓는 것이다. 목사들에게 목회자로서 성공 여부는 크고 웅장한 건물교회를 건축하는 일이며, 건축이 완료되었을 때, 그들은 그 교회를 '내 교회'라고 말하고자 한다. 그러므로 건물교회는 목회적 성취감의 표현이며, 자신의 사적인 욕망의 표현이다. 그런 점에서 교회건물은 이 땅에서 성장, 팽창, 점유에 대한 탐욕스런 욕망의 표현이기도 하다.

그러나 웅장한 교회 건물은 하나님나라의 확장의 표지가 아니라 목회자와 교인들의 자기 욕망의 투영물일 수 있다. 하나님은 교인들과 목사들의 심리 안에서 교회 건물의 규모에 비례해 존재하신다. 대형교회를 목회하는 목사와 그 교회 출석교인에게 하나님은 교회 건물의 웅장한 만큼 위대하신 분이 되지만, 작고 초라한 상가 교회에서 하나님은 그 왜소한 부피만큼 작고 초라한 하나님이 되신다.

우리가 필요 이상의 과대한 용량으로 웅장한 건물을 짓는 것은 어쩌면 하나님을 그 안에 담아내고자 하는 헛된 욕망의 표지는 아닐까? 하나님은 지상교회의 종탑의 높이만큼, 그리고 건물의 용량만큼 높아지실까? 만물 안에 편재하시는 하나님을 교회 건물 안으로 담아내려는 이 모든 것은 허망한 종교적 한풀이에 불과한 것이다. 무한하신 하나님, 초월하신 하나님은 교회 건물에 제한되지 않으신다. 크고 웅장한 교회 안에 계신 하나님과 작고 보잘것없어 보이는 개척 교회당의 하나님은 동일하신 하나님이시다. 도리어 십자가에서 자신을 계시하시는 하나님은 크고 웅장한 교회당 건물에 거하시기보다, 약함과 수치스러움을 겪으시면서 낮고 천한 자들 가운데 육화하시고 현존하신다는 신비적 역설을 기억해야 한다.

4. 교회성장의 발판이자 지렛대로서 건물교회

건물교회를 추종하는 내적 배경에는 건물교회가 교회성장을 향한 실현도구이거나 발판역할을 하기 때문이다. 건물교회를 향한 갈망에는 다름 아닌 교회성장을 향한 욕망과 상관관계가 있다. 다만 지금은 그 지렛대가 작동을 멈추었다는 것이다. 그러므로 한국교회의 건물교회에 대한 무한욕망의 시대사적 배경을 정리해 보고자 한다.

교회건축 열풍은 개발성장시대의 부동산 광풍은 아닐까?

한국교회의 성장 배경에는 교회 내적 요인만이 아니라 한국사회의 압축성장 흐름과 궤를 같이 한다. 한국교회 급성장의 교회 외적 요인으로 사회적 요인을 주목해야 한다. 그것은 70년대 이후 근대화 과정의 추동력으로 작용했던 개발, 성장, 발전 논리가 바로 그것이다. 한국사회는 군사 독재국가 주도하에 속도전을 방불듯 일사분란하게 추진된 근대화의 이행과정에서 '잘 살아보세'라는 구호를 앞세워 경제개발과 국가의 번영.발전을 이끌어 갔으며, 그것은 한국인의 삶의 방향과 목표를 물질의 풍요와 부요함을 최우선 과제로 몰아세웠다. 그리하여 우리 사회의 인간성은 사람됨과 염치를 존중하는 '도덕적 인간'에서 물질욕망을 추구하는 '경제적 인간' homo economicus으로 변모해 갔으며, 어느덧 우리 사회를 관통하는 지배적 가치는 물질구원주의와 현세행복주의가 되고 말았다. 우리 사회에서 잘 되는 사람, 성공한 사람은 넓은 평수의 아파트, 고급승용차, 부동산 보유자를 특징으로 하는 '소유적 인간'이었으며, 사람됨의 존재가치와 척도는 외형과 '크기'를 기준으로 결정되었다.

이러한 사회-심리적 요인이 한국교회로 하여금 건물교회를 향한 끝없는 욕망을 추동질했다고 본다. 건물교회에 대한 집착은 어쩌면 성장과 번영의 국가재편을 위해 곡갱이와 삽질로 건립하려했던 토건적 국가건설 방식이 건물교회로 고스란히 전이되지 않았을까? 한국교회가 교회 건축에 온 힘을 쏟고, 건물 올리기에 매달렸던 그 열풍은 우리 사회가 조국 근대화라는 미명하에 발전과 성장을 위해서라면 전국토를 아파트 공화국, 회색도시로 만들면서, 결국 인간성과 정신적인 것을 거세해 버리고, 오직 도시의 비정신화非精神化와 사물화事物化에 집중했던 것처럼, 한국교회의 끝없는 건축 열풍은 하나님나라를 정신spirit과 가치virtue와 삶의 양식style과 질서의 나라로 구현하기보다 건물의 왕국을 건립하려고 했다고 볼 수 있다. 한국교회의 목회자들과 교인들이 아무런 비판의식없이 건물교회를 숭배하면서, '교회 세우는 일'을 '교회건물 세우는 것'으로 대신하려 했던 배경에는, 흔해 빠진 통념적인 지적처럼, 교회론에 대한 성경적이며 신학적인 토대가 취약했기 때문이라기보다, 차라리 개발, 성장, 확장이라는 세속적인 시대이념과 속류적인 가치들이 교회 내부에 잠식되고 내재화되면서, 그런 비성경적인 사고를 대항하지 못하고, 그러한 흐름에 능동적으로 편입되어 동화되었다는 것에서 원인을 찾아야 할 것이다. 결국 한국교회 목회자와 교인들안에 신념화된 대중화된 교회론이란 그리스도를 믿는 신자들의 공동체와 그리스도를 본받고 따르는 제자직의 공동체를 형성하는 일보다 먼저 교회 주변의 땅을 사들이거나. 성장 잠재력있는 신도시에 교회 부지를 선점하여, 어쨌든 큰 교회 건물부터 세우는 일에 최우선을 기울이는 그런 교회관이었다.

한국교회의 교회건축 이야기는 어쩌면 한국사회의 부동산 개발 과정과 거의 일치하는 방향으로 전개되었다고 할 수 있다. 물론 교회건축의 명분에는 언제나 죽어가는 영혼을 구원하기 위해, 구원의 방주를 세우기 위해, 그리고 교회의 확장이 곧 하나님 나라의 확장이라는 미명하에 이루어진 일이었지만, 지금 돌이켜 보면 과연 그렇다고 할 수 있을까? 교회건축 열기가 어느 정도 사그라진 지금에 와서 돌아보면, 목회자들이 교회건축 열풍에 휩싸인 현상을 냉정하게 평가한다면, 한국사회 전반에 불어 닥친 부동산 개발이라는 집단 광기적 열풍에 주님의 교회가 이런 시류에 덩달아 휘말려 간 측면도 있으며, 특히 목회자들이 자신들의 목회성공에 대한 욕망을 건물교회를 통해 증명해 보이려고 한 몸부림이었다고 말할 수 있다.

교회의 침체기가 본질의 교회를 성찰하게 한다

이제 "할 수 있다"는 개발성장시대의 전능. 불변의 도그마는 저성장시대가 도래하면서 허물어지고 있다. 기독교적 마인드로 덧입혀진 부자 열풍, 자기 계발 학습, 고지론같은 세속주의적 가르침들은 그 신뢰도가 붕괴되고 새로운 대안을 찾는 사고의 전환들이 움트고 있다. 이제 우리 사회도 성공을 위해 무한질주로 내달리던 직선형의 '속도' 중심의 생활보다 인간의 진정한 가치와 의미를 묻는 '방향'을 중시하는 흐름으로 전환되고 있다.

우리 사회의 삶의 방식에 대한 인식의 변화는 교회에 대한 성찰을 새롭게 하는 계기로 작용하고 있다. 한 때나마 우리는 한국교회의 폭발적인 성장에 탄복과 찬사를 거듭했지만, 지금에 와서 한국교회는 외적으로는 교회성장이 멈추었을 뿐 아니라 교회인구가 감소하면서, 이미 교회 쇠퇴기가 도래했다는 성급한 우려가 쏟아져 나오고 있다. 여기에 '가나안 성도 현상'이 심각한 교회현안으로 제기되고 있고, 목회 이중직을 목회적 대안으로 설정해야 하는 상황에 이르렀다. 교회 내적으로는 교회내에 형성된 병리적 신앙구조로 인해 비이성적이고, 맹목적인 신앙 일탈 외에도, 고백과 함께 실천, 믿음과 더불어 행함이 동반되지 않고, 구원신앙과 윤리신앙의 불일치, 신앙 일방주의가 빚어낸 여러 가지 병리적 현상들이 노출되고 있어 한국교회의 신앙현상에 대한 전면적인 성찰이 요구되고 있다. 이처럼 총체적인 위기에 봉착한 한국교회문제를 지난날의 개발성장시대의 패러다임으로는 아무런 해답을 찾지 못할 것이다.

그러므로 건물교회는 교회됨의 내적 본질보다 교회의 외형적 규모와 가시적 성취에 집중하게 한다. 이제 교회 건물의 규모가 목회자들의 목회 성공을 측정하는 지표가 되어서는 안 된다. 교회 건물의 크기와 규모가 아니라 교회가 무엇을 행하는가 하는 '내용'이 중요하다. 무엇보다 교회 건물을 사유화하는 사고에서 공유적 사고로 전환이 이루어져야 한다.

III. 교회란 무엇인가?: 교회의 본질을 향한 사고의 전환

1. 교회란 무엇인가?: 신학적 교회론
1. 교회는 성전도, 건물도 아니다.

교회를 '성전' 시하는 것은 신약의 교회를 구약의 성전과 동일시하는 오류이다. 교회를 건물이라고 착각하는 이유는, 성경이 교회를 설명할 때, 건물의 비유를 사용하기 때문이다.[8] 교회를 건물로 설명하는 것은 하나님의 교회가 다양한 지체들의 연합으로 '건물처럼' 세워져 간다는 것을 의미하는데, 이는 비유상 그렇다는 말이다. 성경이 교회를 설명하는 비유로는, '하나님의 백성'으로서 교회, '그리스도의 몸'으로서 교회, '성령의 전' 고전6:19으로서 교회가 그것이다. 교회에 관한 또 다른 비유로는 '나그네'로서 교회, '순례자들'의 교회 등이 있다. '교회는 건물이다' 라는 비유는 성경에 예시된 다양한 비유적 개념 중의 하나일 뿐이다.

그러므로 어떤 경우에도 교회는 건물이 아니다. 단지 건물로 표현된 은유 metaphor이며 이미지일 뿐이다. 교회는 만물안에서 하나님의 창조와 구원과 완성을 구현해 나가는 도구이며, 매개이다. 교회는 하나님과 인간의 깨어진 친교가 예수 그리스도를 통해 성령안에서 회복되어 하나님의 궁극적인 구원이 실현되고, 진행되는 곳이다. 교회는 그 안에서 하나님께 경배와 찬양이 일어나는 예

---

8) "너희는 사도들과 선지자들의 터 위에 세우심을 입은 자라 그리스도 예수께서 친히 모퉁이 돌이 되셨느니라. 그의 안에서 건물마다 서로 연결하여 주 안에서 성전이 되어 가고 너희도 성령 안에서 하나님의 거하실 처소가 되기 위하여 예수 안에서 함께 지어져 가느니라"(엡 2:20-22).

배leiturgia 레이투르기아, 하나님 말씀과 복음의 증언으로서 증거martyria 마르티리아, 성도들의 거룩한 교통으로서 친교koinonia 코이노니아, 세상을 향한 섬김의 실천으로서 봉사diakonia 디아코니아의 사건이 일어나는 곳이다. 교회는 그저 항존적으로 존재하고 있는 종교적 기관이 아니라 교회라는 거기에서 그리스도 사건이 일어날 때, 교회가 생성된다는 점에서 교회는 역동적 개념으로 이해되어야 한다.

2. 교회는 그리스도가 보이는 장소다.

성전과 건물로 교회를 보여주려는 종교적 야망에서 벗어나서 '본질의 교회'를 포착하기 위해 본회퍼의 '보이는 교회' visible church를 생각하려고 한다. 본회퍼는 "어떻게 그리스도가 오늘 그리고 여기서 우리 가운데서 모습을 취하시는가"9)라고 질문한다. 이 때 본회퍼는 '교회는 그리스도의 몸' 인 까닭에 그리스도의 모습이 보여져야 한다고 말한다. 그래서 "교회의 관심은 '종교적인 것' 10)에 있지 않고, 사람들가운데 그리스도의 모습을 가시적으로 보여주는데 있다"고 역설한다.11) 따라서 "교회는 예수 그리스도의 모습이 형성되는 것Gestaltwerden Jesu Christi을 선포하는 장소이며, 또한 그것이 일어나는 장소다."12) 다시 말해 "교회는 예수가 자신의 모습을 세상 한가운데서 실현하는 장소다."13) 그러므로 교회는 예수의 모습이 보여지도록 드러내 주는 장소가 되어

---

9) 디트리히 본회퍼, 『윤리학』, 손규태, 이신건, 오성현 역, (서울: 대한기독교서회, 2010), 106.
10) 본회퍼가 말하는 '종교적인 것' 이란 기독교를 종교적으로 덧입혀주는 외적인 종교 형식과 종교 제도, 종교화된 예배의식이나 종교적 관행과 관습 등을 말한다.
11) "교회는 그리스도를 숭배하는 자들의 종교단체가 아니라, 인간들 가운데서 형상을 취하신 그리스도다". 『윤리학』, 102.
12) 재번역. 『윤리학』, 109. 본회퍼가 말하는 '형성(Gestaltung)이란 일차적으로 예수 그리스도가 그 분의 교회안에서 모습을 취하시는 것"을 뜻한다. 『윤리학』, 101.
13) 본회퍼. 『윤리학』, 151.

야 한다. 그야말로 교회는 그리스도가 현존하는 장소이며14), 그리스도가 대리적으로 실존하는 곳이다. 그래서 예수 그리스도의 몸은 오직 '보이는 몸'일 뿐이므로 만약 교회가 그리스도의 모습을 보여주지 못한다면, 그것은 그리스도의 몸이 아니며, 궁극적으로 그것은 교회가 아니다.15)

그렇다면, '어떻게 예수 그리스도가 이 세상에서 구체적으로 보여질 수 있는가'라고 했을 때, 본회퍼의 대답은 교회가 종교적인 형태만이 아니라 세속적인 자리에서 그리스도의 몸을 보여줌으로써 하나님을 믿도록 해야 한다고 말한다. 그리스도의 몸은 일차적으로는 '설교 말씀', '세례와 성만찬', '봉사의 직무'로도 보여주지만, 이제 그리스도가 성육신하심으로 세상 현실속으로 들어 오셨기 때문에, 세속적인 삶 전체가 그리스도의 현실안으로 용납되었으므로 세속적인 일도 그리스도의 몸으로부터, 그리고 교회로부터 분리되어 있지 않다.16)

이제 "그리스도의 몸은 -교회의 형태로- 세상 한가운데로 밀고 들어 왔다."17) 그러므로 그리스도의 몸은 세상속에서 교회의 행위를 통해 보여주게 된다. 그런데 교회의 행위가 사람을 구원할 목적으로 "설교와 성만찬"에만 국한하거나, 교회의 직무와 봉사자들에게만 국한한다면, 그것은 신약성경과 아무 상관없는 "악한 축소행위"이다. 또한 "세례받은 형제에게 예배 참석은 보장하면서, 일상생활에서는 그 형제와 사귐을 거부하고, 그를 학대하거나 멸시하는

---

14) 교회는 그리스도가 세상속에 계시된 현실이요, 그리스도가 지상에 육화된 현실이다. 성육신 사건은 그리스도가 이 지상에서 공간을 차지하고 있음을 말한다.
15) 본회퍼, 『나를 따르라』, 손규태, 이신건 역, (서울: 대한기독교서회, 2010), 284. "교회는 예수 그리스도의 모습이 실현되는 곳이다. 만약 그렇지 않다면, 그리스도의 교회이기를 중단하는 것이다". 『윤리학』, 158.
16) 본회퍼, 『나를 따르라』, 286, 288, 290, 295.
17) 본회퍼, 『나를 따르라』, 재번역, 301.

자는 그리스도의 몸 자체에 죄를 짓는 자"이며, "세례받은 형제에게 구원의 선물은 인정하면서, 이 땅의 삶에 필요한 선물을 거절하거나 이 땅의 곤핍과 곤궁을 겪는 그를 고의로 방치하는 자는 구원의 선물을 조롱하고 거짓말하는 자"라고 말한다.[18] 본회퍼에 따르면, "그리스도의 몸이 있는 곳에 언제나 교회가 있다"[19]면, 이제 그리스도의 몸은 세상속에서 형태를 취하였으므로 교회는 세상에서 정의와 사랑을 실천함으로 그리스도를 보여주어야 한다.

그러나 본회퍼는 교회가 지상적 차원에서 정의를 실천하는 일과 구원과 복음전파를 위한 종교적 차원을 연결하면서도 구분해야 한다고 말한다. 본회퍼에 의하면, 굶주린 자에게 빵을 주는 것이나 노숙자에게 집을 제공하고 권리를 빼앗긴 자에게 정의를 해결하는 일은 '궁극 이전의 것'이며, 죄인을 위해 하나님의 은혜와 칭의의 말씀을 선포하여 믿음을 갖도록 하는 것은 '궁극적인 것'이다. 그런데 궁극 이전의 차원과 궁극적인 차원은 동등한 차원이 아니므로 구별해야 하지만, 전자와 후자는 연결되어 있다. 그런데 궁극 이전을 위한 행동은 궁극적인 것을 예비하는 것이므로, 교회는 "보이는 행동"[20]을 사람들에게 보여주어야 한다. 즉 궁극적인 길(구원, 칭의, 은혜)을 예비하기 위해서 교회는 "가시적인 세상속으로 구체적으로 개입해야 한다. 길을 예비하는 것은 굶주림과 배부름처럼 '구체적'이고 '가시적'이어야 한다". "사람들이 예수 그리스도를 받아들이기 위해서는 가시적인 행위가 이루어져야 한다."[21] 그러나 교회는 세상속으로 파고 들어가야 하지만, 차안성과 세상성이라는 이유로 교회가 단순히 세상 자신으로 해소되지 않고, "세상이 교회가 되지 않고, 교회도 세상이 되지 않으려

---

18) 본회퍼, 『나를 따르라』, 재번역, 295.
19) 본회퍼, 『나를 따르라』, 298.
20) 본회퍼, 『윤리학』, 184.
21) 본회퍼, 『윤리학』, 188.

는 투쟁" 가운데, 세상과 분명히 구별되는 모습을 보여주어야 한다.22) 결국 교회의 길은 예수의 모습을 본받음과 뒤따름제자도에 있으며, 타자를 위해 존재하신 그리스도의 모습을 교회를 통해 세상속에 형성되어감Gestaltwerden으로 존재하는 것이다.

3. 교회는 타자를 위해 존재할 때, 교회다.

본회퍼는 "교회는 오직 타자를 위해 존재할 때만 교회다"23)라고 말한 바 있다. 본회퍼는 하나님의 전능성을 통해 진정한 하나님 경험이 가능하지 않고, "오직 타자를 위해 존재하는 예수"의 존재에 참여하는 바로 거기에서 하나님의 초월경험이 있다고 말한다.24) 본회퍼의 유명한 '타자를 위한 교회'에 관한 글에서 교회의 바른 길을 찾고자 한다.

"교회는 타자를 위해서 존재할 때 교회가 된다. 그런 교회가 되기 위해서는 교회는 모든 재산을 팔아 가난한 사람들에게 주어야 한다. 목사들은 전적으로 교회의 자발적인 헌금으로 살아야 하며, 경우에 따라서는 세속적 직임을 가져야 한다. 교회는 인간 공동체의 세상적 과제에 참여해야 하지만, 지배하면서가 아니라 돕고 봉사하는 방식으로 참여해야 한다. 교회는 모든 직업에 종사하는 사람들에게 그리스도와 더불어 사는 삶이 어떤 것이며, 또 "타자를 위한 존재"가 무엇을 의미하는 지를 말해 주어야 한다… 교회는 인간적인 "모범"을 과소평가해서는 안된다. 교회와 말씀은 개념이 아니라 모범을 통해서 그 무게와 힘을

---

22) 본회퍼, 『나를 따르라』, 311, 328-329.
23) 본회퍼, 『저항과 복종』, 손규태, 정지련 역, (서울: 대한기독교서회, 2010), 713.
24) "예수의 타자를 위한 현존재는 초월경험이다". 『저항과 복종』, 711.

얻는다"25)

교회는 세상과 차단막을 친 종교조직이 아니라 세상을 향한 섬김의 도구일 때 의미가 있다. 교회는 '그들만의 교회'가 아니다. 교회는 신자들, 그리스도를 주님으로 고백하고, 구속의 은총을 입고 성령의 교통가운데 있는 택함받고, 부름받은 자들의 회집이요, 구속된 자들의 모임이요, 거룩한 신자들의 공동체이기는 하지만, 그것이 배타적인 의미로만 이해되어서는 안된다. 교회는 한편으로는 초자연적인 부르심과 회개와 중생과 칭의됨을 통해 모인 신적인 기관이지만, 다른 한편으로는 세상 한가운데 존재하며, 지상의 종교기관으로서 동료 인간과 더불어 존립하고 있으며, 다른 사람들처럼 시민으로서 살아가며, 공동선을 추구하는 인간들로 구성되어 있다는 점에서 인간적인 차원을 동시에 지닌다.

2. 교회관의 사고전환, 어떻게 바뀌어야 하는가?

건물교회는 절대악도 아니지만, 그렇다고 절대선인 것처럼, 교회의 신자들이나 목회자들이 신앙의 최종적인 목표인양 맹목적으로 추구하고 갈망해야 할 것은 결코 아니다. 이제 교회를 바라보는 관점에 근본적인 사고전환이 필요하다.

1) 예배당 중심의 기독교를 넘어서야 한다.

교회는 하나님나라의 모판임에 틀림없다. 그러나 교회만이 하나님나라의 표지는 아니다. 모든 그리스도인들은 교회를 넘어 세상속에서 그리스도의 증인

---

25) 본회퍼, 『저항과 복종』, 713-714.

으로 살아야 할 책무가 있다. 세상으로부터 부름받은 그리스도인들은 예배와 신앙교육으로 훈련된 영성을 가지고, 세상속으로 파송받는다. 그러므로 교회를 위한 그리스도인, 교회를 위한 직분, 교회를 위한 헌금.. 모든 신앙의 수렴점이 교회당으로 모아지고 집중될 수 없다. 교회에서의 예전적 예배는 세상속에서 삶으로 드려지는 예배로 나아가야 하며, 정치적 불의가 횡행하고, 사회정의와 인권이 짓밟힐 때는 광장과 거리에서 '정치적 예배' political worship로도 표현되어야 한다. 교회를 위한 봉사는 이제 사회적 봉사, 세상을 위한 봉사로 흘러 넘쳐야 한다. 모든 성경읽기는 교회중심적이며 목회적으로 읽는 것을 멈추고 이웃과 세상을 향한 윤리적 실천의 관점에서 읽어야 한다. 교회의 헌금은 가난한 자들과 이 땅의 희생자들의 수레바퀴를 멈추는데 사용되어야 한다.

2) 건물교회의 과잉은 멈춰야 한다.

교회는 근본적으로 교회 자신을 위해 존재하지 않는다. 교회는 그리스도를 위해, 하나님나라를 위해 존재한다. 그렇다면 왜 하나님나라의 확장과 진보가 기필코 교회건물의 확장이어야 하는가? 왜 모든 목사들은, 그리고 헌신적인 신자들은 교회당 건축에 전념을 기울이는가? 교회건물을 건축할 때, 교회의 용도를 단지 예배용이나 신자들의 모임만을 위하지 않고, 교회의 사회적 책임의 신학을 개발하고 연구. 전담할 씽크탱크로서 기독교연구소나 기독교 NGO, 혹은 사회복지를 위한 시설공간으로 사용할 수 있도록 설계할 수 있지 않는가?

그런 점에서 지금과 같은 건물 교회의 '과잉'은 당장 멈춰야 한다. 오늘날 교회건물은 공간사용에 쓸모없는 비효율성으로 가득하다. 회사의 공간이나 일터의 공간들은 아침부터 밤늦게까지 끊임없이 사용되고 있다. 그러나 교회공간은 주일 하루만 공간 전체가 가동되고, 주중에는 텅 비어있는 교회공간이 부지

기수이다. 교회건물은 성도들의 엄청난 헌금으로 지어졌지만, 막상 건축된 이후에는 그 공간의 3분의 2도 주중에는 의미없는 공간으로 존재하는 경우가 대부분이다. 물론 교회는 종교적 특수성도 있지만, 사용빈도의 효율성 측면에서 무용지물로 전락되고 있는 공간활용의 측면에서 근본적인 사고전환이 필요하다.

3. 교회건물의 공공성 의식을 함양해야 한다: 사유재로서 교회가 아닌 공공재로서 교회

1) 교회 사유화의 극복과제로서 교회 매매현상

이제 한국교회는 교회당 건물에 대해 공공재公共財라는 의식을 가질 필요가 있다. 많은 목회자들은 자기 교회 성도들이 교회를 건축했기 때문에 이 교회는 '내 교회', '우리 교회'라는 사적 소유물로 생각하고 있다. 물론 청빙을 받은 목회자의 경우 교회에 대한 사적 소유관념은 덜하지만, 여기서도 교회 차원의 집단적 사유재 의식이 형성된다. 즉 이 교회는 목사 개인의 교회는 아니지만, '우리들만의 교회'라는 집단 사유재 의식을 형성함으로써 교회를 지역사회에 공공의 목적으로 개방하는 것을 꺼리는 경우가 많다.

교회 사유화의 큰 악습은 목회자 개인이 사적으로 자신의 재정을 투자하여 개척교회를 설립했을 경우 발생한다. 그 개척교회가 성도들의 헌신과 헌금으로 큰 교회로 성장을 이루었을 때, 그 교회는 필연적으로 목사 개인의 사적 소유물로 전락되는 경우가 빈번하고, 교회를 사유재私有財로 간주하여, 필요에 따라 얼마든지 개인적으로 매매, 처분할 수 있다는 편의적 사고가 만연해 있다는 것이다. 이런 경우 전임목회자가 후임 목회자에게 교회를 양도하고 양도받는 과정에서 신도 수에 따라 교회를 매매하거나, 교회건물 가격을 시세에 따라 매매하는, 말 그대로 교회매매의 관행이 별 문제의식없이 일상적으로 진행되고 있다. 교회매매는 건물교회이든 상가교회이든 상관없이 이루어지고 있다. 대형교회 건물만이 아니라 상가 개척교회에도 교회 기물이를 성물聖物이라 부른다 하나 하나에 이르기까지 돈거래를 통해 넘겨주고 넘겨받는 일이 다반사가 되어 버린 오늘날의 교회는 이제 교회가 매매시장에서 거래되는 흥정물로 전락하고 말았음을 보여준다.26) 이렇게 된 주된 원인은 교회개척이 목회자 개인의 물질 투자를 통해 이루어지면서, 교회에 대한 소유와 처분권이 명목상으로는 교회에 있지만 실질적인 권한이 개척목사에게 있다는데 있다. 또한 그러한 관행의 내면적 원인은 목회자의 의식세계에 상업주의 사고가 일상화된 결과이다. 이같은 교회 매매를 통한 사유화의 악습과 관행을 차단하기 위해서는 목사 개인이 자신의 뜻대로 교회를 사적으로 소유하거나 처분할 수 없도록 교단 차원의 제도적 장치를 구축한 천주교회나 성공회의 교회 운영 방식을 차용할 필요가 있다.

2) 공공재로서 교회관의 전환

'공공재로서 교회' 란 교회의 존재가치의 공유화를 말한다. 그리하여 교회 건물 활용의 공유화를 말한다. 바야흐로 '소유의 종말' 과 함께 '공유경제' 가 우

---

26) 교회매매 문제 역시 '현실의 교회' 혹은 '경험적 교회' 의 측면에서 현실적인 상황을 고려하여 판단해야 한다. 첫째, 한 목회자가 교회를 인수받는 조건으로 교인수 비례하여 가격을 책정하여 교회를 넘겨주는 행위는 명백한 전형적인 교회매매 사례에 해당하므로 부도덕한 행위로 거부되어야 한다. 둘째, 교회 비품이나 시설물이 목회자의 개인 재정으로 구비된 것이 아닌, 교인의 헌금으로 기부받은 경우일 때, 이것을 매매하는 행위는 그리 양심적인 행위라고 볼 수 없다. 셋째, 교회건물이나 교회 관련 물품이나 시설물을 다른 목회자에게 적정 가격에 판매하는 모든 행위를 전적으로 부도덕한 행위라고 단정할 수 없다. 건물이나 교회기물을 무상기부받은 경우가 아닐 때, 떠나는 목회자가 다른 지역에서 교회기물을 재차 준비해야 하는 비용이 발생하고, 새로 이전해 오는 목회자도 교회기물을 구입해야 하는 경우라면, 서로간의 현실적인 필요에 의해 거래관계가 성립될 수 있다. 물론 이러한 매매관행이 너무 당연시될 때, 교회의 복음적 정신이 퇴색되고, 상거래 이미지와 경제적 이해관계가 발생하게 된다는 점을 주의해야 한다.

리 시대의 대안으로 떠오르고 있다. 이제 한국교회는 교회당을 신앙인들만을 위해 존재하는 배타적인 사고를 넘어서서 공익적 공간으로 활용하도록 교회당 문을 개방해야 한다. 무엇보다 한국교회는 박물관으로 변모한 유럽의 교회당을 보면서 건물교회에 대한 획기적인 인식의 전환이 필요하다. 한때 유럽의 기독교도 한국교회 못지않은 교회 건축의 열정이 있었으나 신앙의 열정이 식은 지금 화려한 교회 건물은 무용지물이 되어버렸다. 그러므로 우리 당대의 기독교를 생각하는데 멈추지 않고 후세대의 한국교회를 내다본다면 성장이 둔화된 한국교회 상황에서 무리한 교회 건축은 재고해야 할 것이다. 이미 젊은 목회자들 사이에 교회 건물을 갖지 않기로 하고, 공공시설이나 빈 공간을 예배공간으로 활용하려는 실험들이 속속 등장하고 있다. 교회건축이라는 허망한 신앙열정을 폐기하고, 교회관의 새로운 대안이 희미하지만 저 밑바닥에서 새롭게 움트고 있는 것이다.

나가면서

건물교회는 신앙공동체가 안정되고 지속적인 교회생활을 위해 현실적으로 필요한 공간이다. 그러나 건물교회가 신앙인의 절대선이나 최고선이 되어서는 안된다, 보이지 않는 주님보다 보이는 교회당을 성전시하는 그릇된 신앙관은 비난받아 마땅하다. 건물교회는 그리스도인의 신앙의 자리와 신앙의 열심과 동력을 예배당안에 묶어두어 세상속으로 흩어지는 교회됨을 가로막는다. 교회는 하나님나라의 표지인 것은 분명하다. 그러나 그것은 하나님 백성으로서 교회, 성령의 전으로서 교회, 그리스도의 몸으로서 교회가 그렇다는 뜻이지, 건물로 된 교회당이나, 건물이 곧 하나님나라라는 의미는 아니다. 교회건물은 교회라는 내용을 담아주는 그릇일 뿐이며, 도구이지, 그 자체가 교회의 본질도, 교회의 내용도 아니다. 교회건축의 과잉은 하나님나라에 대한 관점의 왜곡이기도 하다. 교회는 하나님나라의 모판이므로, 교회의 성장이 곧 하나님나라의 진보의 표지이기도 하지만 그렇다고 하나님나라는 교회 안에서만 국한되지 않는다. 교회는 하나님나라의 모든 것이 아니라 그 일부일 뿐이다. 하나님나라는 교회 이상이다. 따라서 하나님나라의 성장과 진보는 교회의 성장을 통해서만이 아니라 세속 역사 안에서 하나님의 뜻이 실현됨으로써 진행된다. 그러기 때문에 건물교회가 확장된다 하여 그것이 곧 하나님나라의 진보를 의미하는 것이 아닐 수 있다. 아무리 건물교회가 수적으로 늘어났다 해도 교회가 국가와 사회 안에 하나님의 정의와 그의 뜻을 내용적으로 구현해 내지 못한다면 하나님나라는 성장하고 있는 것이 아니기 때문이다.

2장

성전 교회론의 실천적 함의

권연경
기독연구원느헤미야 연구위원
숭실대학교 기독교학

성전 교회론의 실천적 함의

권연경

1. "성전"으로서 공동체

이스라엘의 영성에서 성전은 가장 핵심적 장소 중 하나다. 광야시대의 성막에서부터, 솔로몬이 봉헌했던 화려한 첫 성전, 그리고 포로 귀환 공동체에 의해 초라하게 재건되었다가 예수시대에 헤롯대왕에 의해 웅장한 모습으로 재정비되었던 그 성전에 이르기까지, 성전은 하나님과 이스라엘의 관계를 규정하고 지탱하는 가장 핵심적 매개 중 하나였다. 그러기에 하나님의 백성임을 자처했던 이스라엘에겐 이 성전이 그들의 존재를 규정하는 가장 중요한 정체성의 상징 중 하나가 된 것은 그 무엇보다 자연스런 일이었다. 첫 언약의 시대가 가고, 나사렛 예수를 통해 새로운 언약의 시대가 왔다고 믿었던 교회 공동체가 이스라엘이 성전이라는 이 핵심적 상징을 자신들에게 적용한 것 역시 지극히 자연스런 움직임이었다 할 수 있다.

한편으로 성전은 예수 그리스도에게 적용되었다. 하나님의 임재를 매개했던, 혹은 하나님과의 언약 관계를 확인하고 유지하는 일상적 접촉점이었던 성전은 새 언약의 중재자인 예수 그리스도에 의해 대체된다. 이제는 예루살렘 성전이 아니라 하나님의 메시야로 고백된 나사렛 예수가 그 성전의 역할을 대신한다. 요한복음에서 선명하게 드러나는 것처럼, 예수는 하늘과 땅을 연결하는 사다리다. 천사들로 하여금 하늘과 땅을 오르내리게 해 주던 그 사다리처럼, 이제 "인자"인 예수 그리스도가 바로 하늘과 땅의 중재자다. 요1:51 야곱이 그 환상을 꿈꾸고 그 자리를 "하나님의 집"Beth-el이라 불렀던 것처럼, 이제 예수 그리스도가 바로 그 "하나님의 집"이 되어 하늘과 땅의 만남을 중재한다. 하나님의 말씀이 육신이 되어 이 땅에 장막을 친 이후부터 이 천상의 통로이신 나사렛 예수를 통하지 않고 "아버지께로 갈/올" 자가 없다. 오직 예수만이 "길이며, 진리이며, 생명"이기 때문이다. 그래서 요한복음에서는 예수가 바로 성전이다. 요한복음의 예수는 공적인 사역을 시작한 초기부터 이 사실을 분명히 선언한다. "너희가 이 성전을 허물라. 내가 사흘 만에 다시 지으리라."2:19 죽었다가 부활할 자신의 "육체" 곧 자기 자신이 바로 하나님의 성전이 되리라는 것이다.

물론 초대교회의 성전 이야기는 여기서 멈추지 않는다. 광야의 성막이나 예루살렘의 성전이 이스라엘 중에 임재하시는 하나님을 나타내는 상징이었던 것처럼, 성전으로서의 예수 역시 하나님이 이제 그를 통해 형성되는 새로운 이스라엘 중에 거하신다는 신념으로 확장된다. 하나님이 "이스라엘 중에 거하시는" 분이었듯이, 이제 하나님은 메시아 예수 안에서 형성된 새로운 이스라엘 중에 임재하신다. 그런 의미에서 새로운 이스라엘 곧 "교회"ecclesia는 그 자체가 하나님의 성전이다. 요한복음과 같은 경우를 제외하면, 신약성서의 성전 개념은 거의 대부분 성전으로서 교회를 가리키는 표현으로, 그리고 그 교회의 본질을 해명하는 상징으로 활용된다. 여기서 우리의 직접적 관심은 이 성전-교회론 자체를 상세히 개관하는 것이 아니라, 이 개념이 보여주는 실천적 함의를 살펴보는 것이다.

2. 이스라엘의 "성전숭배"에 대한 초대교회의 비판

나사렛 예수를, 그리고 그에게 속한 교회를 새 언약의 성전으로 인식한다는 것은 기존의 성전, 곧 예루살렘에서 "성업 중"이던, 그리고 헤롯대왕에 의해 더욱 화려한 모습으로 재건 중이던 그 성전에 대한 환상을 깨는 것을 의미했다. 예루살렘에 세워진 그 성전은 이제 하나님과 그 백성의 관계를 매개하는 성물이 아니다. 물론 그렇다고 교회가 그 성전의 모든 기능을 무시한 것은 아니지만, 적어도 언약관계의 핵심적 상징물로서의 역할은 더 이상 인정할 수 없었다. 이처럼 예수 안에서 참된 성전을 발견하고, 성령 공동체로서 하나님의 참된 임재를 경험한 공동체로서는 예루살렘 성전에 대한 이스라엘의 열심 혹은 집착이 영적 현실성을 상실한 집착으로 보였을 것이다. 물론 현실성을 결여한 영성은 쉽게 욕망의 수단으로 변질되면서 우상의 지위를 획득한다. 선명하지는 않지만, 성전을 향한 유대인들의 집착에 대한 교회의 비판은 바로 이런 생각을 드러내는 것으로 보인다.

사도행전의 스토리의 전개에서 가장 결정적 움직임 중 하나는 유대인들의 공동체인 예루살렘 교회가 헬라 세계를 향해 자신을 열어가는 모습이다. 이 과정에서 결정적인 역할을 하는 사람들은 유대적 정체성과 헬라적 문화 사이에 "양다리"를 걸친 헬라파 유대인들이었다. "히브리파"와 "헬라파" 간의 갈등을 계기로 한 일곱 지도자의 선출은 이런 분위기 변화의 결정적 신호탄이다. 이 때부터 교회는 스데반과 빌립을 필두로 한 헬라파 유대인들에 의해 주도된다. 이 방 땅의 헬라문화 속에서 태어나고 헬라어를 모국으로 삼은 사람들이라면, 본토 유대인과 종교적 문화적 감수성이 일치하기 어렵다. 특히 성전이 없는 곳에서 태어나 살았던 유대인이라면, 그래서 성전이 없는 곳에서 하나님 섬기는 법을 배워야 했던 사람들이라면, 성전에 대한 느낌이 본토 유대인들과 같기는 어려웠을 것이다. 더욱이 예수 그리스도를 참 성전으로 깨달은 이후라면, 성전에 대한 집착의 어리석음을 통찰하기는 더욱 수월했을 것이다.

사도행전에서 가장 긴 연설에 해당하는 스데반의 자기변호는 성전에 대한 가장 신랄한 비판을 담고 있다행7장. 이스라엘 역사에 대한 스데반의 긴 회고는 대부분 성전이 있는 예루살렘 혹은 이스라엘 밖에서 하나님의 영광스런 임재가 나타났던 사례들로 채워진다. 민족의 시조인 갈대아 우르의 아브라함, 작은 집안을 지키고 이를 큰 민족으로 바꾸는 데 결정적 역할을 했던 이집트의 요셉, 이스라엘을 종살이에서 건져 낸 시내산 광야의 모세, 이들은 모두 성전과 무관한 이방의 땅에서 영광의 하나님의 만나고 그분의 능력 있는 임재를 경험했던 사람들이다2-38절. 그러니까 이스라엘과 하나님의 관계를 시작하고, 지탱하고, 회복하는 역동적 역사의 결정적 순간에, 하나님은 성전과 무관한 이방의 땅에서 그의 영광의 임재를 드러내셨다.

물론 하나님은 성전 짓기를 허락하시고, 그 성전에 자기 이름을 두시겠다고 약속하셨다. 스데반은 이 점에 있어서도 하나님의 의도와 이스라엘의 생각이 일종의 "동상이몽"이었다고 비판한다. 애초에 다윗은 "야곱 집"the house of Jacob을 위한 "하나님의 처소"skenoma, [temporary] dwelling-place를 준비하려고 했다46절. 그런데but 솔로몬은 하나님을 위하여 "집을 건축하였다"oikodomesen ... oikon; "built a house," 47절. "하지만"alla, however, 지극히 높으신 하나님은 "손으로 지은

곳"cheiropoietos에 계시지 않는다. 48절 오래 전 선지자가 말한 것처럼, 하늘이 그의 보좌이고 땅이 그의 발등상인 분을 위해 인간이 무슨 "집을 지을" 수 있으며, 어떤 "안식할 장소"를 마련할 수 있다는 말인가?49절 이 세상의 모든 것이 다 하나님의 손으로 지은 것이 아닌가? 이는 인간적 공간에 가둘 수 없는 하나님의 무한한 존재를 자기들이 지은 좁은 공간 속으로 제한하려는, 그리하여 하나님을 그들이 원하는 대로 통제해 보려는 시도에 해당한다. 성경은 이를 우상숭배라 부른다. 실제 스데반의 설교는 성전에 관한 이야기를 꺼내기 전 이스라엘이 우상을 숭배하고 "자기 손으로 만든 것"을 기뻐했던 사실을 날카롭게 비판한다.39-43절 그러니까 우상숭배 비판이라는 기조 속에서 성전에 대한 이스라엘의 집착을 비판하고 있다는 것이다. 스데반은 이런 이스라엘을 향하여 "마음과 귀에 할례를 받지 못한" 자들이라고, "너희 조상과 같이 항상 성령을 거스르는" 이들이라고 질타한다.51절

성전에 대한 집착을 우상숭배적 욕망과 연결하는 스데반의 움직임은 대담하다. 그러나 스데반이 선지자 이사야의 글을 인용하고 있는 데서도 드러나는 것처럼, 이는 하늘의 하나님을 향한 살아있는 신앙이 지상적, 인간적 매개물을 내세운 외형적, 위선적 영성으로 타락해 간 현실에 대한 선지자적 비판을 계승한 것이다. 스데반이 보기에 성전에 대한 현재 이스라엘의 집착은 성령의 깨우침에 순종하여 하나님 섬김을 배운 결과가 아니라, 하나님의 뜻에는 귀를 막은 채, 그를 편리하고 효과 좋은 "지니"Genie 1)로 만들어 그들이 만든 성전이라는 호리병 속에 가두어 놓으려는 시도로 여겨졌다. 마치 사사시대 말기 이스라엘이 하나님의 임재 앞에 순종의 무릎을 꿇지는 않으면서 여호와의 언약궤를 전쟁무

---

1) 아랍 신화에서 병이나 램프 속에 사는 정령(精靈)으로 주인이 필요할 때 불러내어 자신의 편의에 따라 사용하는 도구를 말한다-편집자 주.

기인양 활용하려 했던 그 슬픈 이야기처럼 말이다삼상 5장. 물론 성전 자체가 그런 우상숭배를 야기하는 것은 아니다. 성전을 봉헌하며 솔로몬이 드렸던 기도처럼왕상 8:22-53, 하나님은 하늘에 계시며, 그의 영광은 사람의 손으로 지은 공간에 가둘 수 없다. 하지만, 하나님은 성전이라는 지상적 공간에 자신의 이름을 두겠다고 약속하셨고, 그래서 이 공간은 그와 백성 간의 만남을 주선하는 "만남"의 집이 된다. 하나님이 그 공간에 실재하신다는 뜻이 아니라, 백성들이 이 약속된 장소를 "향하여" 기도할 때 하나님은 "그 계신 곳 하늘에서" 그 기도를 들으신다는 이야기다. 솔로몬이 지은 성전은 하나님과의 역동적 관계를 표현하는 매개였지, 그 관계 자체를 만들어 내거나 증명하는 장치는 아니었던 것이다. 그런 점에서 이스라엘은 하나님과의 역동적 언약관계라는 본질을 그 관계를 표현하는 가시적 장치와 뒤바꾸는 실수를 저질렀다. 그 외형에 대한 집착이 마치 살아있는 관계를 만들어 내거나 증명하기라도 하는 것처럼 생각했던 것이다.

스데반의 비판은 그리스도와 교회라는 실체적 성전을 무시한 채 "사람의 손으로 지은" 구약적 "모형" 혹은 "그림자"로 회귀하는 현대 교회의 움직임이 왜 위험한 것인지를 잘 보여준다. 물론 이런 우상숭배적 경향은 그리스도와 교회에 관한 결정적인 복음적 통찰을 정면으로 부정하는 치명적인 이단사설에 해당한다. 그리고 복음의 통찰을 벗어나는 이런 이단적, 우상숭배적 움직임은 많은 경우 우리 속에 꿈틀거리는 음험한 욕망의 지시를 따른다. 대부분의 경우 돈에 대한 욕망의 산물이다. 이처럼 우리가 하나님의 뜻 아닌 세속적이고 육신적인 욕망의 지시에 따를 때, 우리는 영성의 외형에 집착한다. 때로는 우리의 구린 욕망을 포장하는 수단으로, 때로는 그 욕망을 정당화하고 부추기는 종교적 스테로이드로 삼는 것이다. 스데반의 설교는 "성전"에 관한 우리의 위험한 행보를 우상숭배와 세속적 욕망의 휘둘림이라는 영적 관점에서 바라보도록 가르친다.

3. "외부인이 아니라 하나님의 식구": 새로운 정체성의 상징으로서의 성전

이스라엘의 영적 체험 속에서, 성전은 하나님의 임재를 가장 강렬하게, 가장 내밀하게 경험할 수 있는 장소였다. 이스라엘의 신앙이 건강할 때, 성전에서의 기도와 제사, 그리고 거기서 벌어지는 일련의 의식들은 그들과 함께 하시는 하나님을 다양한 방식으로 경험하는 거룩한 장치들이었다. 물론 그리스도와 교회가 성전을 대신할 때, 그리스도와 교회가 이어받아 구현한 것이 바로 성전의 이런 본질적 기능이었다. 이제 예수 안에서, 그리고 교회 안에서, 우리는 하나님과의 역동적 관계를 경험하는 것이다. 그러기에 "성전"은 교회가 자신의 영적 정체성을 드러내는 가장 중요한 성경적 이미지의 하나였다.

새로운 정체성의 상징으로서의 성전 개념은 특히 교회가 유대교의 울타리를 넘어 다민족적, 다문화적 공동체로 변화되고 확장되면서 더욱 중요한 것으로 드러난다. 스스로를 하나님의 선민으로, 그리고 나머지 인류를 선택받지 못한 "이방 죄인"갈 2:15이라 여겼던 유대인들로서는, "하나님의 백성" 공동체의 울타리를 타 민족과 문화에 개방하는 일이 결코 쉬운 일이 아니다. 사도행전의 이야기들은 복음이 "예루살렘과 온 유대"의 경계를 넘어 "사마리아"로, 그리고 "땅 끝까지" 퍼져가는 여정이 얼마나 힘겨운 것이었는지를 잘 보여 준다. 결국 복음은 제국의 중심지 로마까지 퍼져가지만, 그 성장 스토리 배후에는 많은 문제와 갈등들, 그리고 이를 해결하려는 고민과 논의가 놓여있다. 고넬료 집안을 전도함으로써, 이방 선교의 전략적 선봉이 되었던 베드로에게도, 그리고 바울과 더불어 디아스포라 유대인으로서 이방선교의 추축이었던 바나바 같은 인물에게도, 유대인과 이방인의 하나됨은 순간적 깨달음을 넘어 구체적 일상의 맥락에서 시행착오를 통해 습득해야 했던 힘겨운 진리였다.갈2:11-21

이방인 선교에 주력하며 이방인들의 교회를 세우고 섬겨야 했던 바울에게 이런 문제가 더욱 현실적인 과제가 되었던 불가피한 노릇이었다. 누구보다도 날카로운 어조로 할례자와 무할례자의 동등함을 주창했던 그의 행보는 예수를 메시아로 고백하면서도 이전의 종교적, 문화적 관성을 쉬이 떨칠 수 없었던 이들과의 갈등의 연속이었다. 이런 힘겨운 선교적 상황 속에서, 이방인을 위한 사도 바울의 책임 중 하나는 예수를 주로 고백하는 이방인들 역시, 동일한 신앙을 고백하는 유대인들처럼, 어떤 부분에서도 모자람이 없는 하나님의 "적자"嫡子임을 분명히 하는 것이었다. 특히 유대인들에게서 유래한, 유대인 메시아에 관한 복음을 받은 이방 성도들의 입장에서, 어엿한 하나님의 자녀라는 분명한 확신은 세상에서, 그리고 교회 내에서 그리스도인다운 삶과 문화를 형성하는 데 그 무엇보다 중요했을 것이다. 그리고 바울은 이방 신자들의 의식 속에 이 새로운 정체성을 선명하게 각인시키기 위해 성전 개념을 활용했던 것으로 보인다. 그 사례 중 하나가 에베소서 2-3장에 나온다.

에베소서 2장의 논의는 전체적으로 "그때"Before와 "지금"After 사이의 선명한 대조 형식을 취한다. 첫 단락에서의 대조는 회심 이전 탐닉하던 불순종의 삶1-3절과 이제 그리스도를 통해 살아난 새로운 현실 사이의 대조다.4-10절 이러한 대조 속에서 바울은 이런 "살리심" 혹은 "구원"이 전적인 은혜의 결과라는 사실을 거듭 강조한다. 하나님이 우리를 살리신 것은 그토록 큰 자신의 사랑 때문이었다.4절 우리가 살아남이 시종일관 "그리스도와 함께" 이루어졌다는 것 역시 마찬가지다. 우리는 스스로에 의해서가 아니라 우리를 위해 죽고 부활하신 그리스도에 "편승함으로써" 그 생명을 누리게 되었다는 것이다5-6절. 다시 말하면, "너희는 은혜로 구원을 받았다"는 것이다. 5절 하반절 특히 8-9절은 다섯 번의 서로 다른 표현을 중첩함으로써 우리의 구원이 은혜의 산물임을 더없이 강력하게 표현한다. "그 은혜에 의하여," "믿음으로 말미암아," "너희에게서 난 것이 아니요," "하나님의 선물이라," "행위에서 난 것이 아니니."

물론 이렇게 은혜라는 계기를 강조하는 이유는 분명하다. 곧 부르심을 받는 이방 신자들의 새로운 정체성을 분명히 하는 것이다. 그들이 처한 일체의 조건과 무관하게 순전히 하나님의 주권적 은혜로 부르심을 입은 자들은 자랑할 것이 없는 존재임을 일깨우는 것이다. 9절 자신의 어떤 조건이 아니라 하나님의 은혜로운 부르심에 의해 구원의 공동체에 들어온 것이라면, 더 이상 회심 이전의 세속적 조건이나 자격을 자랑할 이유가 없어진다. 그들은 기존 사회의 가치기준 혹은 그 기준을 바탕으로 한 경쟁적 욕망의 그물에서 벗어나, 하나님의 은혜로 만들어진 "작품" 만드신 바이라는 새로운 정체성을 부여 받는다. 그리고 이런 새로운 정체성은 하나님의 주권적 은혜에 기초한 "구속적 재창조" 행위 속에 담긴 새로운 삶의 뜻을 구현하는 삶으로 드러난다. "우리는 그의 만드신 바라. 그리스도 안에서 선한 일을 위하여 지으심을 받은 자니…"2:10

이런 새로운 정체성과 그에 어울리는 삶의 방식은 상황에 의해 급조된 임시변통이 아니라 하나님의 영원한 예정의 구현이다. 그들이 실천하도록 주어진 선한 삶은 하나님이 "전에 예비하신" 것, 곧 태초 이전부터 그가 세우신 계획의 일부다. 창세 이전부터 하나님은 이들을 택하시고, 이들을 향한 거룩한 뜻을 예정하셨다. 그것은 곧 "우리로 그 앞에 거룩하고 흠이 없는" 존재로 만들겠다는 주권적 의지였다. 1:3-4 이 예정과 선택은 "그리스도 안에서" 이루어진 것이다. 그래서 그리스도는 바로 이 교회를 위해 자신을 내어줌으로써 이 공동체를 하나님 앞에 "영광스러운 교회"로 세우려 하셨고, 이들을 "티나 주름 잡힌 것이나 이런 것들이 없이" 아름다운 신부로, 혹은 "거룩하고 흠이 없는" 좋은 제물로 하나님께 드리고자 하신 것이다.5:26-27 이것이 처음부터 정해진 하나님의 일관된 계획이요 "그 기쁘신 뜻"이었다.1:5, 9, 11 이처럼 에베소서의 문맥에서 예정의 언어는 이방문화로부터 건짐을 받아 하나님의 자녀로 새로 태어난 신자들에게 새로운 정체성과 자신감을 부여하는 목회적 의도를 품고 있다.

이런 관점에서 성전 이미지를 보다 강력하게 활용하는 구절은 베드로전서 2장 1-10절이다. 여기서 베드로는 이방 성도들이 "살아있는 돌"이신 예수와 마찬가지로 "살아있는 돌들"이 되어 하나님의 "영적인 집으로 세워지고" 또 그 안에서 하나님께 "영적인 제사"를 드릴 "거룩한 제사장"이 되는 것이라고 이야기한다2:4-5. 물론 이는 첫 시내산 언약에서 이스라엘에게 약속하신 거룩한 정체성이 그리스도 안에 있는 이방 신자들에게도 그대로 적용되는 것이라는 선언과 연결된다. 이제 이들은 "택하신 족속이며, 왕과 같은 제사장이요, 거룩한 나라요, 그의 소유가 된 백성"이다.2:9 전에는 백성이 아니었지만, 이제는 백성이며, 전에는 긍휼을 얻지 못했지만 이제는 긍휼을 얻은 존재다2:10. 이 새로운 정체성의 실천적 함의 또한 분명하다. 이제 그들은 그들을 불러주신 하나님이 거룩하신 것같이 이 세상에서 거룩한 삶을 살아가야 한다. "오히려 너희를 부르신 거룩한 분처럼 여러분도 모든 행실에 거룩한 자가 되십시오."1:15-16

4. 함께 자라가는 성전: 성전의 사회적, 교회론적 함의

특별히 새로운 정체성에 대한 분명한 확신과 자신감은 유대인의 공동체 안으로 편입되던 이방인들에게는 더없이 중요한 일이었을 것이다. 그래서 구속적 재창조에 관한 바울의 언어는 유대인과 이방인의 하나 됨을 통한 새로운 사람의 창조라는, 보다 사회적이고 교회론적인 그림으로 구체화된다. 바울은 2장 1-10절에서와 마찬가지로 "그 때"Before와 "이제"After의 대조를 활용하며 그들의 새로워진 신분을 그려 나간다. 이전에 그들은 "이방인"이요 "무할례자"라 불리던 자들11절, 곧 "그리스도 밖에 있던" 사람들로서 "이스라엘 나라 밖에 있던" 존재들이었다.12절상 당연히 이들은 "약속의 언약들"과 무관한 "외부인"들이었고, 따라서 이 세상에 "소망이 없고, 하나님도 없는" 존재들에 지나지 않았다12절하. 하지만, "이전에 멀리 있던" 그들이 그리스도 예수 안에서, 곧 그리스도의 거룩한 희생을 힘입어 "가까워졌다."13절 곧 이스라엘에게 주어진 언약의 약속들에 가까워진 존재들이 되었다는 것이다.

당연히 이는 이미 그 언약에 가까이 있던 이들과의 화해를 포함한다. 그리스도의 죽음은 이방 신자들을 과거의 더러운 삶으로부터 건지는 행위였던 만큼, 또한 이들을 기존의 이스라엘과 하나 되게 하는 행위이기도 했다. 곧 그리스도는 자신의 육체의죽음를 통해 상호적 "적대관계 곧 "중간에 막힌 담"을 허무셨다.13절 이 적대관계를 지탱하던 "법조문으로 된 계명의 율법"을 폐기처분하심으로써 유대인과 이방인 이 둘을 "자기 안에서 한 새사람으로 만들어" "서로 평화로운 관계가 되게" 하신 것이다.15절 하지만, 이는 그저 사회적 차원의 하나됨에 멈추지 않는다. 그리스도의 십자가는 이 둘을 한 몸으로 만듦으로써 결국 이 하나된 존재를 하나님과 화목하게 한다. "또 십자가로 이 둘을 한 몸으로 하나님과 화목하게 하려 하심이라."16절상 그리스도는 십자가 죽음으로 적대관계를 청산하심으로써, "오셔서 먼 데 있는 너희에게 평화를, 또 가까이 있는 자들에게도 평화를 선포하셨다."16절하-17절 물론 이 사회적, 교회적 하나됨의 목적은 분명하다. "이는 그로 말미암아 우리 둘이 한 성령 안에서 아버지께 나아감을 얻게 하려 하심이라."18절 유대 그리스도인과 이방 그리스도인의 하나됨은 세상을 자신과 화목하게 하시는 하나님의 주권적 의지의 표현이었던 것이다. 그러니까 이방인과 유대인의 하나됨이라는 가시적 변화는 "그리스도 안에서 모든 것을 통일되게 하시려는" 구속과 새 창조의 발현이었던 것이다.1:10

이처럼 바울의 복음 속에서 하나님을 향한 화해는 유대인과 이방인의 화해와 통일이라는 실질적 변화를 요구한다. 교회 내에 유대인과 이방인의 평화로운 공존은 이는 이방인의 유입이라는 예상치 못한 상황에 대한 임기응변식 처방이 아니라, 모든 것을 자신과 화목하게 만드시려는 하나님의 주권적 예정의 산물이다. 그러기에 이방 신자들은 그들에게 주어진 새로운 정체성을 분명히 깨달아야 한다.

> 그러므로 이제부터 여러분들은 외부인도 아니요, 손님도 아니요, 오직 성도들과 동일한 시민이요, 하나님의 가족입니다.19절

바울은 이방 신자들의 이런 영적 위상을 분명히 드러내기 위해 성전이라는 그림 언어를 활용한다. 교회가 하나의 건물이라면, 이들 이방 신자들은 유대인 신자들과 마찬가지로 "사도들과 선지자들의 터 위에 세워진" 이들이다. 그리고 이 건물의 모퉁잇돌은 다름 아닌 예수 그리스도이시다.20절 그리고 이 모퉁잇돌과 기초 위에서 건물 전체가 서로 연결되어 튼튼한 건물로 세워진다. 물론 이 건물은 평범한 건물이 아니다. 하나님께 나아가는 공동체라는 점에서 이 교회가 되고자 의도하는 건물은 다름 아닌 하나님의 임재를 구현하는 성전이다.

> 그 안에서 건물 전체가 서로 연결되어 주 안에서 "거룩한 전"eis naon hagion으로 자라갑니다.21절

현실 속에서 경험되는, 혹은 노력을 기울여야 할 유대인과 이방인의 연합은 바로 이런 영적이고 궁극적인 비전을 구현하는 실제적 움직임으로 이해된다.

> 여러분도 성령 안에서 하나님이 거하실 처소가 되기 위해 그리스도 예수 안에서 함께 지어지고 있습니다. 22절

> 그리스도는 바로 이런 하나됨을 이루시는 분이시다. 그런 의미에서 그리스도는 "우리의 화평"이시다. 14절

유대인과 이방인이 한 몸을 이루어 하나님의 성전으로 자라간다는 생각은 "출신성분"이 좋지 못할 뿐 아니라, 언약 공동체의 "후발주자"인 이방인들로서는 그들의 새로워진 영적 위상을 이해하는 데 더없이 강력한 효과를 발휘했을 것이다. 물론 당연한 신학적 가르침이지만, 바울은 이 성전 개념을 효과적으로 활용함으로써 그의 복음을 듣고 교회를 이룬 이방신자들의 영적 위상을 공고히 하고 그들의 영적 자부심을 고취하고자 했다. 하나님의 영원하신 계획 속에서, 유대인과 이방인이 하나가 되어 하나님께 나아간다는 생각, 이 둘이 서로 하나가 되어 하나님의 성전으로 자라간다는 깨달음을 통해, 이방 신자들은 그리스도 안에서 그들에게 주어진 새로운 삶의 의미를 보다 길고 넓은 구속사적 맥락 속에서 이해할 수 있었을 것이다.

일견 서로 하나가 되어 성전으로 자라간다는 생각, 곧 사회적이고 교회론적 하나됨이 하나님께 나아가는 전제라는 발상은 매우 급진적이다. 하지만, 이는 복음서에서 드러나는 급진적인 "성육신적 기독론"과 맥을 같이 한다. 마지

막 날까지 약속된 그리스도의 임재가 "너희 중 지극히 작은 자 하나"를 통해 구현된다는 발상이나마28:20+25:40, 45, 그리스도 안에 머물러 열매를 맺는 삶이란 곧 "서로 사랑하라"는 계명의 순종을 통해 구현된다는 가르침요15:1-17, 혹은 하나님께 예물을 드리기 전 동료와의 화해가 필요하다는 가르침마5:21-26 역시 마찬가지다. 한편으로 이는 우리가 바라는 "영적" 건강이 언제나 우리 일상의 갈등과 땀흘림을 통해 구현된다는 사실을 일깨운다. 우리의 일상 혹은 현실을 하나님과의 영적 관계로부터 분리함으로써 보다 손쉽게 영적 만족을 추구하려는 의문스런 시도나, 이런 분리를 통해 영적 만족이라는 환각 아래 내 욕망의 춤사위를 즐기려는 음험한 시도는 모두 우리의 일상적 삶과 그 삶의 다양한 관계들이 실상 하나님을 향해 나아가는 예배의 몸짓이며, 하나님의 성전으로 자라나는 영적 생존과 성숙의 재료들이라는 진리를 망각한 결과다. 이런 이원론적 태도의 오류는 우리 모두 아는 사실이지만, 성전이라는 강력한 이미지는 이런 오류가 얼마나 치명적인 것인지 더욱 분명히 드러내준다.

보다 구체적으로 함께 자라나는 성전이라는 독특한 그림은 공동체 속의 다양한 삶의 관계에 보다 깊은 관심을 기울이도록 만든다. 하나님의 구원이 본질적으로 "화해" 혹은 "통일"의 역동이라면엡1:10, 16; 4:5-6, 그리고 이 영적 화해가 공동체 내의 존재하는 다양한 관계의 화해를 요구하는 것이라면, 우리의 영적 열망 역시 사회적 관계의 회복을 향한 열심으로 번역되는 것이 마땅하다. 바울이 교회 내 이방인의 동등성을 확보하기 위해 고군분투했던 것처럼, 오늘 우리들 역시 우리 상황에 필요한 "동등함"을 확보하기 위해 노력하는 것이 마땅할 것이다.

5. 거룩한 하나님의 성전: 성전 교회론의 도덕적 함의

　　교회는 하나님의 이름으로 모인 영적 공동체이기도 하지만, 수많은 사람들이 나름의 의도를 마음에 품고 모이는 사람들의 모임이기도 하다. 그러기에 교회는 늘 하나님의 백성이라는 초월적 정체성이 사람들의 모임이라는 일상적 경험의 파도에 휩쓸릴 위험에 노출되어 있다. 특별히 구약의 제의적 언어를 철저히 일상적 삶의 차원으로 풀어내는 교회의 움직임은 일상적 삶의 리듬에 취해 영적 삶의 역동을 상실할 가능성을 더욱 생생한 것으로 만든다. 엄숙한 성당에서 느끼는 그윽하고 거룩한 분위기를 시끌벅적한 개신교 예배당에서는 느낄 수 없다는 불평 역시 이런 위험과 맞닿아 있다. 그래서 우리는 때로 우리의 영적 정체를 분명하게 밝혀 줄 종교적 장치를 갖고 싶어 한다. 구약시대처럼, 그 나름의 제의적 공간과 정확하게 규정된 제의적 의식을 확보함으로써, 거기서 영적, 초월적 정체성을 확인하고 싶은 것이다. 하지만, 성경은 그런 제의적 충동이 참된 영성의 수단이 아니라고 가르친다. 제의적 거룩함을 확보한다고 해서 참된 언약적 거룩함이 확보되는 것이 아니다. 히브리서 식으로 말하자면, 그림자를 잡는다고 실체를 잡을 수 있는 것이 아니다. 그림자는 실체의 반영일 때만 그 본연의 의미를 갖는다. 실체가 사라진 상황에서 존재하는 그림자는 무의미한 조작 혹은 의도적 위선의 장치에 지나지 않을 것이다. 이스라엘의 역사는 이런 제의적 영성의 무의미함을, 혹은 그 의례적 영성의 위선적 경향을 적나라하게 보여준다. 참된 예배는 "영과 진리로" 드려지는 것이며, 바울은 그런 예배/제사가 우리의 몸, 곧 우리의 삶 전체를 하나님께 바치는 것을 의미한다고 선포한다. 바울의 편지에서 "예배"란 언제나 하나님께 우리를 바치는 삶 전체를 가리킨다. 그리고 이 단어는 우리가 "예배"라 부르는 특별한 모임과 의식을 가리키는 말로는 한 번도 사용된 적이 없다. 물론 이런 용어의 변화는 성전이라는 제한된 공간에 담을 수 없는, 온 우주에 가득하고 우리의 삶 전체에 임재하는 하나님 섬김의 실천적 의미를 그대로 연역해 낸 결과다. 우리의 일상이 바로 예배의 자리요 또 예배인 것이다.

성전을 포함한 구약의 제의적 개념들이 일상으로 확장되었다는 것은 교회가 그 제의적 관념 전부를 포기했다는 의미는 아니다. 오히려 교회의 움직임은 성전 안에서의 제사장적 거룩함을 이스라엘 백성의 일상으로 확장하려 했던, 그리고 이를 통해 "제사장 나라"의 원초적 언약의 이상을 구현하려 했던 바리새인들의 열성과 맞닿아 있다. 제의적 언어를 일상의 언어로 번역함으로써 그 제의적 거룩함을 포기하는 것이 아니라, 역으로 우리의 일상 전부를 그 거룩함의 영역으로 편입시키는 것이다. 그러니까 성전이 좁은 물리적 공간을 넘어, 하나님의 성령이 존재하는 공동체의 삶 전반으로 확장된다는 것이다. 특별히 가시적 성전이 없이 일상의 무대에서 그리스도를 섬기고 하나님을 예배하던 그리스도인들에게는 하나님의 성전 혹은 제의/예배 공동체로서의 이런 영적 정체성은 그 무엇보다 중요한 가르침으로 다가온다.

일상적 삶의 논리가 영적 정체성을 위협하는 현실을 가장 적나라하게 보여주는 사례가 고린도교회다. 이들은 분명 그리스도인들이 되었지만 영적 생명을 따라 성장하지 못했고, 그래서 시간이 지나도록 여전히 "그리스도 안에 있는 어린 아기"에 머물러 있었다. 고전3:1 그리스도인이 된 것이 사실인 만큼, 공동체로서 그들의 일상적 행태가 "육신에 속한 자"의 삶이었다는 것도 엄연한 사실이었다3:1, 3. 잘 알려진 것처럼, 고린도교회는 여러 가지 골치 아픈 문제들로 힘겨워했다. 무엇보다 교회는 여러 가지 서로 다른 목소리들로 나누어져 갈등하고 있었고, 분열이라는 근본적인 문제와 얽혀 음행과, 성도들 간의 갈등과 법정 투쟁, 우상숭배 및 모임에서의 불협화음 등과 같은 다양한 문제들로 신음하고 있었다.

바울은 이들의 태도를 "육적"fleshly이라 불렀다. 분열을 비롯한 다양한 문제들 배후에는 미처 떨쳐버리지 못한 "육적"세속적, 인간적 태도들이 자리하고 있다는 판단이다. 물론 이런 잡음들은 고린도의 성도들이 회심 이전 습득하고 실천했던 세속문화의 가치관들을 교회 공동체 안으로 수입해 온 결과들이다. 물론 이는 그들이 받아들인 은혜의 원리와 배치된다. 고린도교회의 사회경제적 구성에서도 드러나는 것처럼, 하나님의 선택과 부르심은 세상에서 통하는 가치기준과 배치된다. 오히려 하나님은 세상에서 어리석고, 미약하고, 비천한 존재로 불리는 부류들을 구원의 공동체로 불러 주셨고, 이런 터무니없는 선택을 통해 세속적 가치들의 무가치함을 공개적으로 선포하셨다. 세상의 가치기준과 무관하게 부르심을 받은 자라면 더 이상 이 세상의 가치를 자랑할 근거는 없다. 오히려 그리스도를 통한 은혜의 부르심은 세상의 가치들이 감추고 있던 실체적 무가치함을 적나라하게 드러낸다. 십자가의 말씀이라는, 일견 어리석어 보이는 복음의 메시지는 그 메시지를 통해 역사하는 새 생명의 능력을 근거로, 이 세상 가치들의 화려한 무기력함을 그대로 폭로하는 것이다. 그러니까 교회 공동체는 세속적 가치가 철저히 폐기처분되고, 그런 허망한 가치에 기초한 경쟁적 자랑이 어리석은 것으로 밝혀지는 새로운 삶의 공간으로 존재한다. 믿는 자들에게 참된 "지혜와 의로움과 거룩함과 구원"이 되신 그리스도가 유일한 가치로 간주되고 고백되는 공간, 헛된 가치들을 빌미로 한 경쟁과 자랑 대신 사랑의 섬김으로 드러나는 새로운 삶의 자리가 바로 교회인 것이다.

그러나 이 교회는 여전히 어제와 같은 일상적 공간 속에서 살아간다. 거룩한 교회의 지체들은 일상 속에서 아옹다옹하는, 특별할 것도 없는 가족들과 동료들과 이웃들이며, 교회의 모임 역시 일상의 식사와 일상의 만남과 다르지 않다. 그래서 성도들은, 고린도의 성도들처럼, 그 일상의 거룩함을 쉽게 망각한다. 그들이 모여 이룬 것이 그리스도의 몸이라는 사실을, 그들이 나누는 공동의 식사가 생리적이고 사회적인 몸짓을 넘어 그리스도의 몸과 피를 먹고 마시는 영적 행위인 것을 망각하는 것이다. 그래서 이방 성도들을 섬기는 바울의 목회적 노력은 많은 부분 이럴 일상적 삶이 품고 있는 제의적 의미를, 평범한 삶의 표현 속에 담긴 초월적이고 영적인 의미를 일깨우려는 노력으로 채워진다. 바로 이런 가르침의 문맥에서 가장 요긴하게 활용되는 개념 중 하나가 "성전"인 것이다.

서로 다른 지도자의 이름을 빙자하여 분열을 일삼는 고린도교회를 향해 바울은 그들의 행태가 "하나님의 집"으로서의 본분을 잊은 행태라고 비난한다. 교회는 하나님의 집이다. 바울은 지혜로운 건축가로 십자가에 달리신 그리스도라는 확실한 기초를 놓았다. 이제 그 위에 건물을 세우는 것은 다른 사역자들과 성도들의 몫이다. 물론 그들은 조심해야 한다. 하나님이 심판 때에 그들이 수고한 일의 결과를 불로 검증하실 것이며, 그 결과에 따라 마땅한 방식으로 보응하실 것이기 때문이다3:10-15. 하나님이 교회로서 그들의 삶을 검증하고 그에 따라 상벌을 내리는 것은 그들 자신이 이미 평범한 존재가 아니기 때문이다. 교회로 부르심을 받은 그들은 이제 다름 아닌 "하나님의 성전"이며, 따라서 이제 그들의 삶 속에는 "하나님의 성령이 거하신다."3:16 "알지 못하느냐?" 하는 바울의 물음은 이런 가르침이 고린도교회에게도 당연한 상식이었음을 보여준다. 물론 그들에게 주어진, 그리고 그들이 자랑해 마지않았던 성령 역시 그들이 하나님의 성전으로 존재한다는 사실을 생생하게 일깨운다. 하지만, 교리적 지식 혹은 영적 체험이 언제나 실천적 깨달음으로 연결되는 것은 아니다. 그래서 바울은 다시금 이런 당연한 진리를 일깨우며 성도들을 훈계하는 것이다.

바울의 가르침은 그저 진리를 일깨우는 것에서 멈추지 않는다. 인간이란 진리를 선명히 깨닫기만 하면 다시 그 진리로 돌아오는 그런 착한 존재가 아니다. 많은 경우 우리는 진리를 알면서도, 그 진리를 추상적 의식의 영역으로 제한한다. 그 진리 속에 담긴 실제적 함의를 충분히 상상하지 않는 것이다. 그래서 때로 바울은 신학적 진리가 담은 그 실질적 함의를 생생하게 그려 보여줌으로써 성도들의 나태한 사고와 행태를 경고한다.

누구든지 하나님의 성전을 파괴하면, 하나님이 그 사람을 파괴하실 것입니다. 3:17

개역개정의 번역과는 달리, 여기서 바울은 "파괴하다"phtheiro라는 동일한 단어를 반복하고 있다. 성도들이 하나님의 집이라면, 그들이 공동체로서 보여주는 모든 행동은 거룩한 하나님의 집을 "세우는" 것 아니면 "파괴하는" 것 둘 중 하나다. 그 집을 잘 세운 사람은 하나님께 상을 받을 것이며, 그 집을 잘 세우지 못한 사람은 그에 합당한 벌을 받을 것이다. 종종 15절의 진술을 근거로 바울이 모든 신자들의 구원 가능성을 긍정하고 있는 것처럼 이 구절을 해석하곤 하지만, 17절의 날카로운 어조는 이런 해석이 바울의 의도를 완전히 빗나간 것임을 잘 보여준다. 바울의 진술을 본래 순서대로 배열하면 이렇다.

누구든지/ 하나님의 성전을/ 파괴하면, 파괴하실 것입니다/ 그 사람을/ 하나님이 짧지만 강렬한 교차대구 구조, 그리고 그 중심에서 서로 마주한 "파괴하면, 파괴하실 것입니다" 하는 표현은 바울의 진술에 거의 절대적인 분위기마저 감돌게 한다. 바울은 현재 고린도 신자들의 행태가 많은 부분 성전을 "세우는"(역개정에는 "덕을 세우는"이라고 번역됨) 태도가 아니라 오히려 성전을 "파괴하는" 행태임을 지적하고, 그 결과는 하나님에 의한 "파괴" 혹은 "멸망"일 수밖에 없음을 분명히 한다. 그들의 모임이 일상적 사교에 지나지 않는다면 그 모임의 방식이 그토록 엄중한 결과로 이어질 이유가 없었을 것이다. 하지만, 그들의 모임은 일상적 모임을 넘어 하나님의 성전이며, 그 속에서 그들의 행태는 이 성전을 세우거나 허무는 행위일 수밖에 없다. 어떻게 하나님께서 자신의 집을 허무는 행태를 용인하시겠는가?

때로 성전으로서의 공동체 개념은 그 공동체에 속한 개인의 몸, 곧 그 몸으로 살아가는 삶의 영역으로 확장된다. 창녀와 음행을 일삼던 신자들을 향한 바울의 경고가 좋은 예다.

> 여러분의 몸은 여러분이 하나님께로부터 받아 여러분 중에 계신 성령의 성전이라는 사실을 알지 못합니까? 여러분은 여러분 자신의 것이 아니라 값을 주고 사신 존재입니다. 그러니 여러분의 몸으로 하나님께 영광을 돌리십시오. 고전 6:19-20

다른 죄와 달리 음행은 자신의 몸 자체에 짓는 범죄다. 음행이란 창녀와 한 몸이 된다는 것, 그리하여 그 창녀의 지체가 된다는 것을 의미한다. 그런데 신자들은 이미 그리스도와 한 몸이 되어 그의 지체가 된 존재다. 그리스도의 지체를 창녀의 지체로 만드는 것이 합당한 일인가? 마찬가지로, 우리 몸이 성령의 전이라는 사실 또한 음행을 심각한 범죄로 규정한다. 주와 하나가 된 자는 그리스도와 "한 영"이다. 그러니까 우리 속에 거하시는 성령이란 사실상 영으로 우리 속에 거하시는 그리스도를 가리킨다. 따라서 음행은 그리스도와 하나된 몸, 곧 그가 영으로 임재하는 몸을 창녀의 지체로 만드는 범죄가 되는 것이다. 물론 이 그리스도는 우리를 위해 자신을 희생하신 분이시다. 그런 점에서 이 그리스도의 지체가 되었다는 것, 그리고 그 성령의 전이 되었다는 것은 그리스도께서 그의 피로 우리를 사서 자신의 소유로 삼았다는 말과 같다. 그리스도 안에서 이제 우리의 몸은 우리 자신의 소유가 아니라 그리스도의 노예다. 우리가 할 수 있는 것은 그리스도께서 명령하시는 것, 곧 우리 몸으로 하나님께 영광을 돌리는 것뿐이다.6:19-20

고린도후서에서도 동일한 가르침이 나타난다. 그리스도인은 믿지 않은 자와 망에를 함께 해서는 안 된다. 고후 6:14. 이는 결혼을 가리키는 표현이 아니라 보다 일반적 사귐의 원칙을 가리키는 것이다. 현 문맥에서는 벨리알이나 우상, 곧 우상숭배적 상황에서 불신자와 교제하는 것을 가리킨다. 물론 이 어울림의 원칙은 가장 진한 어울림의 하나인 결혼의 경우에도 적용된다고 할 수 있다. 하지만, 이것이 불신자와의 결혼을 원천적으로 금지하는 것인지는 분명치 않다. 의와 불법, 빛과 어둠은 서로 함께 할 수 없다. 그리스도와 벨리알이 함께 할 수 없는 것과 마찬가지다. 마찬가지로 믿는 자와 믿지 않는 자는 본질적인 관계를 형성할 수 없다.6:15 동일한 수사적 물음의 맥락에서 성전 개념이 등장한다.

> 하나님의 성전과 우상 사이에 어떤 일치가 있을 수 있겠습니까? 우리는 살아계신 하나님의 성전입니다.6:16

여기서 바울은, 베드로전서 2장에서처럼, 이 성전으로서의 공동체 개념을 보다 넓은 언약관계의 맥락에서 해석한다. 여러 구약의 구절들을 뒤섞인 인용문에서 나타나는 것처럼, 우리가 성전이라는 선언은 하나님이 우리 중에 거하시며 우리 하나님과 우리 아버지가 되시리라는 약속, 우리는 그의 백성이요 그의 자녀가 되리라는 약속을 집약하는 표현이다.6:16-18 물론 이 약속은 우리가 이방인들과 구별되어야 한다는 요구, 곧 그들과 분리되어 부정한 것을 만지지 말아야 한다는 요구와 결합된다.6:17 이어지는 결론에서 드러나는 것처럼, 바울이 강조하고자 하는 사항이 바로 이것이다.

> 그러므로 사랑하는 자들이여, 이 약속을 가진 우리는 하나님을 두려워하면서 거룩함을 온전히 이루어 육과 영의 온갖 더러운 것으로부터 우리 자신을 깨끗하게 합시다7:1.

나가는 말

오늘 교회에서 성전교회론, 곧 교회가 하나님의 성전이라는 사상은 성전 개념의 구약적 회귀, 곧 신약적 교회 개념을 다시 물리적, 제의적 대상으로 환원 혹은 축소하려는 경향을 비판하는 문맥에서 많이 등장한다. 신약적 성전 개념이 물질적 욕망에 휘둘린 그런 이단사설에 대한 비판으로 이어지는 것은 당연하다. 하지만, 그렇다고 그것이 성전으로서의 교회 개념의 모든 것은 아니다. 비판의 도구이기 이전에, 성전 개념은 그 속에 보다 깊은 언약적 울림과 거기서 연유하는 영적, 도덕적 함의를 담고 있다. 우리 교회는 하나님의 성전에서 울려 퍼지는 그 다양한 영광의 음성에도 귀를 기울일 필요가 있다. 성전은 이제 하나님의 백성된 우리의 자랑스런 위상을 강조하기도 하고, 하나님을 섬기는 다양한 사람들의 하나됨을 강조하기도 하고, 하나님의 백성으로서 거룩한 삶을 살아야 할 것을 강조하기도 한다. 모두 상식적 수준의 이야기이긴 하지만, 우리 현실에서 더욱 진지하게 고려되어야 할 메시지이기도 하다. 우리가 하나님의 성전이라는 진리를 보다 깊이 묵상하면서, 하나님이 꿈꾸시는 "내 집 마련"의 비전이 우리들 모두의 개인적, 공동체적 비전으로 체화되기를 소망해 본다.

3장

예배와 예배 공간
경건의 표상인가? 포장된 탐욕인가?

조석민
기독연구원느헤미야 연구위원
에스라성경대학원대학교 신약학

예배와 예배 공간
경건의 표상인가? 포장된 탐욕인가?

조석민

들어가는 말

한국 개신교가 이 땅에 뿌리를 내린지 100년이 훌쩍 넘어 버렸다. 그 동안 한국 개신교는 세계 교회사에서 그 유래를 찾아 볼 수 없었던 수많은 예배당들과 많은 그리스도인들로 자긍심을 갖고 자랑스러워했다. 초대형 예배당에서 새벽마다 벌어지는 기도회와 각종 예배는 세계많은 나라들이 한국 개신교를 주목하게 만들었다. 하지만, 이제 한국 개신교는 교회건축물의 크기와 규모 면에서도 세계적으로 이목을 집중시키기에 충분할 정도이다.

예를 들면, 분당의 할렐루야 교회는 새 예배당 건축에 12년 동안 총공사비 644억 원이 들었다고 한다. 지금까지 한국에서 예배당 건축에 들어가는 비용으로는 매우 놀랄만한 규모의 비용이다. 이 예배당은 경기도가 주관한 "제11회 경기도 건축문화대상"에서 대상을 차지할 정도로 경기도에서 가장 아름다운 건축물로 선정되었다.[1]

---

[1] 조석민, 『그리스도인의 세상보기』, (대전: 대장간, 2011), 36-39를 참조하라.

또한 강남의 사랑의 교회는 서초동에 2,100억 원의 예산을 들여 새로운 성전, "사랑 글로벌 미니스트리 센터"Sarang Global Ministry Center를 건축한다고 2009년 11월에 발표했고, 2015년 9월부터 건축물이 이미 완공되어 사용되고 있다. 하지만, 예배당 건축물의 총공사비가 예산에서 얼마나 더 추가되었는지 자세히 알 수 없다.[2] 한국 개신교 역사상 교회 건축물을 지으면서 몇 천억 원대 이상의 예산을 발표한 일은 당시 처음 있는 일이다.

하지만 한국 개신교와 사회는 이미 대형 교회의 예배당 건축에 대하여 부정적 시각으로 바라보며 우려하고 있었다.[3] 이런 상황에서 개신교 역사상 건축비용면에서 유례없는 초대형 교회Mega Church 건축물은 대형교회 논쟁의 불길에 기름을 부은 격이 되었다.[4] 초대형 교회 건축물의 출현과 함께 아이러니컬하게도 현재 한국 개신교의 위상은 땅에 떨어져가고 있으며, 참담함 그 자체라고 해도 과언이 아닐 것이다. 세상이 교회를 바라보는 시각은 더 이상 희망어린 눈빛이 아니라, 눈살을 찌푸리며 고개를 돌려 외면하는 현실이다.

한국 개신교의 예배당들은 더욱 거대하고 웅장해지고 있으며, 내부는 화려하고 더욱 편리하게 꾸며지고 있으며, 최신식의 음향 비디오시설과 함께 매우 안락하게 변해가고 있다. 그런데 왜 세상 사람들의 평가 속에서 한국 개신교에 대한 신뢰도는 바닥을 치고 있을까? 초대형 교회 건축물을 짓고 그 안에서 예배를 드리는 사람들은 자랑스러워하고 감격스러워 할 텐데 무엇이 문제인가?

---

2) 신광은 목사는 교회의 크기에 문제를 제기하며, 현대교회의 가장 큰 죄악이 메가처치(Mega-Church) 현상이라고 질타한다. 저자는 한국 교회의 문제를 정확히 진단하려면, 그리고 참된 교회 개혁을 실천하려면 한국 교회에 만연되어 있는 메가처치 현상을 다루지 않고서는 불가능하다고 생각한다. 신광은, 『메가처치 논박』, (부천: 정연, 2009), 83-141을 참조하라.
3) 사랑의 교회 건축 계획이 발표되기 몇 개월 전에 이계선, 『대형교회가 망해야 한국교회가 산다』, (서울: 들소리, 2009)와 신광은, 『메가처치 논박』, (부천: 정연, 2009)이 출판되었다.
4) 사랑의 교회 새 예배당 건축에 대한 기독교 윤리학적 고찰을 http://ktb226.blog.me/220060852530 (2015년 9월 2일, 오전 10:00 접속)에서 참조하라.

그 초대형 건축물 안에서 예배가 드려지고 기도회로 모이는데 예배당의 크기가 그렇게 문제가 되는 것인가?[5] 초대형 교회 건축물은 예배 공간이란 점에서 어떤 의미인가? 예배 공간 안에서, 그것도 초대형 교회 건축물 안에서, 수많은 사람들이 함께 모여 드려지는 개신교의 예배란 무엇인가? 성서가 가르치는 예배란 무엇인가? 초대형 예배당이라는 예배 공간과 그 곳에서 드려지는 예배의 의미에 대하여 미래의 건강한 한국 개신교를 소망하면서 한번쯤 고려해 보아야 할 주제이다.

1. 한국 개신교의 예배 풍속도

현재 한국 개신교는 크고 작은 각종 예배당이란 공간 안에서 예배가 끊임없이 이어지고 있다. 일주일 동안 예배라는 이름으로 모이는 각종 모임을 계산하면 놀라울 정도의 숫자일 것이다. 하지만, 얼마나 많은 개신교인들이 그 다양한 예배에 참석하여 기뻐하고 감사하며 감격해 할까? 오히려 많은 개신교인들이 예배당에서 드려지는 각종 예배에 시달리고 있는 것은 아닐까? 왜냐하면 개신교인들 가운데 가톨릭교회로 개종하는 현상이 두드러지게 나타나고, "가나안 성도"[6]도 늘어나는 추세이기 때문이다.[7] 물론 이런 여러 상황을 예배의 문제로만 제한시킬 수는 없을 것이다.

예배당 안에서의 공적예배 뿐 아니라 한국 개신교 안에서 그리스도인의 각종 모임에 예배는 기본적인 메뉴로 등장한다. 그래서 예배라는 이름이 거의 모

---

5) 예배당 크기의 문제에 대해서는 이미 신광은, 『메가처치 논박』, 83-141에서 어느 정도 논의가 되었기에 이 논의에서 생략한다.
6) "가나안 성도"는 교회를 안 나가는 그리스도인을 뜻하는 신조어로 "안나가"를 거꾸로 읽은 말이다. 이와 관련하여 양희송, 『가나안 성도 교회밖 신앙』, (서울: 포이에마, 2014)를 참조하라.
7) 양희송, 『다시 프로테스탄트』, (서울: 복있는 사람, 2012), 23-40, 특히 28쪽의 도표를 보라.

든 모임 뒤에 "00 예배", "00 감사예배", "00 개업 감사예배", 등등으로 붙여진다. 어떤 모임이든 그리스도인들이 함께 모일 때 예배와 기도가 없다는 것은 상상할 수 없는 일처럼 보인다. 이런 상황을 고려해 보면 한국 개신교 안에 예배 만능 사상이 팽배해 있다고 할 수 있을 것 같다. 더욱이 우리의 토속 종교문화 속에서 이런 예배란 어쩌면 당연한 현상일 수도 있을 것이다. 우리의 토속 종교문화, 특히 무속종교 속에서 신께 드리는 제의와 예배를 통해서 전지전능한 신께 기도하며, 그 신의 노여움을 달래고, 복을 기원하는 예전의 기능을 몸으로 체득한 결과일 수도 있다. 이런 부류의 예배는 한국의 토착 종교문화와 함께 우리의 삶 속에 깊이 스며들어왔다. 물론 이런 경우 예배의 의미는 성경에서 가르치는 예배와 다르다.

이런 상황 속에서 대형교회는 전교인이 함께 예배드릴 공간의 부족을 이유로 나름대로의 예배 공간 확장을 위한 여러 가지 지혜를 모으며, 때로 새로운 건축을 시행하여 그렇게 지어진 공간 안에서 모든 교인 함께 모여 나름 엄숙하고 화려한 예배를 드린다. 교회당마다 넘쳐나는 예배 속에서 예배를 인도하는 사람이나 참여하는 사람들은 그 참된 의미를 얼마나 알고 있는 것일까? 그 많은 숫자의 예배를 드리면서 예배의 의미를 모르고 참석만하고 있다면, 누구를 위한, 무엇을 위한 예배인가? 예배를 위하여 예배당을 건축했지만, 그 건축물은 예배 공간의 역할을 충족하고 있는 것일까?

2. 성서에서 가르치는 예배 공간의 의미

1) 구약성서의 예배 공간

성서에서 가르치는 예배 공간이란 어떤 의미인가? 고대근동에서 예배 공간은 신들의 현현 장소이다. 따라서 가나안 족속들도 그들 나름대로 산당과 제의를 가지고 있었던 것을 구약성서에서 확인할 수 있다참조. 민 22:41; 33:52; 왕상 14:23. 하지만, 이스라엘 백성들을 가나안 땅으로 인도하던 모세는 가나안 족속의 예배 공간과 우상들을 파괴하라고 명령했다. "너희가 쫓아낼 민족들이 그들의 신들을 섬기는 곳은 높은 산이든지 작은 산이든지 푸른 나무 아래든지를 막론하고 그 모든 곳을 너희가 마땅히 파멸하며, 그 제단을 헐며 주상을 깨뜨리며 아세라 상을 불사르고 또 그 조각한 신상들을 찍어 그 이름을 그 곳에서 멸하라."신12:2-3, 참조. 민33:52. 하지만, 사사기에서 이스라엘 백성들의 행태를 보면 그들이 모세와 여호수아의 명령을 따르지 않고 가나안 족속의 예배 공간과 우상을 파괴하지 않았다. 이로 인하여 이스라엘 백성들은 사사시대의 혼란스러운 시기를 맞이했다. 사사기의 기록에서 이스라엘 백성들이 가나안 족속들을 멸절시키지 않고 함께 거주하는 모습을 자주 발견할 수 있다. 참조. 삿1:19, 27-36

사무엘 시대에 산당은 백성들의 통상적인 예배 공간이었다참조. 삼상 3:3; 11:7-8. 중앙 성소의 파괴자인 여로보암은 신전에 금송아지를 안치하고참조. 왕상 12:28-29, 그 뒤를 이은 왕들도 벧엘과 단의 산당에서 하나님을 거역하는 배도의 길로 걸어갔다. 남 왕국 유다의 르호보암은 산당파괴의 명령을 거역한다. 참조. 왕상 14:21-23 당시 예배 공간이었던 산당 파괴와 같은 명령은 히스기야와 요시아 왕 때에 비로소 시행된다. 참조. 왕하 18:4; 23:8 왕정 시대에 호세아와 예레미야 선지자는 우상숭배의 공간이었던 산당을 맹렬히 비난했다. 솔로몬 성전 건축 이전에는 현실적으로 산당에서 제사가 제한적으로나마 허용될 수밖에 없는 상황이었다. 하지만, 솔로몬 성전 건축 이후에도 혼합주의적인 종교행위나 노골적인 이방종교 행위는 산당을 중심으로 계속되었다.

구약성서에서 예배 공간은 하나님이 지시하신 장소이다. 이것은 고대근동의 종교에서 신의 현현 장소로 예배 처소를 정한 것과 유사하다. 이런 상황에서 구약시대에 이스라엘 백성들에게 중요한 예배 처소가 되었던 장소는 최소한 세 곳으로 세겜, 실로, 예루살렘 등이 대표적인 예배 공간이었다.

첫째, 세겜은 이스라엘 백성들이 가나안에 들어온 이후 가장 중요한 역사적, 종교적 중심지 역할을 했다. 여호수아 시대에 백성들은 이곳에 제단을 쌓았다. 참조. 수8장, 24장; 삿9장 세겜의 그리심 산은 사마리아인들에게 예루살렘 보다 정통적인 예배 공간으로 생각하고 그곳에서 예배를 드리게 되었다. 이런 종교적 상황은 예수께서 수가성의 사마리아 여인과 나눈 대화에서도 찾아 볼 수 있다. 참조. 요4장

둘째, 실로는 이스라엘 백성이 여호수아의 정복 활동 이후에 차지한 땅으로 기업 분배의 중심지가 되었다. 참조. 수18:1-10 실로는 이스라엘 백성들의 전체 모임 장소와 순례 장소로 사용되기도 했다. 참조. 수22:12; 삿21:19 사울 시대에 실로는 선지자 아히야의 활동과 관련이 깊은 장소로 나타난다. 참조. 삼상14장

셋째, 예루살렘이 이스라엘 백성들의 예배 공간으로서 가지는 중요성은 필설로 불가능하다. 예루살렘은 살렘 왕 멜기세덱과 관련되기도 한다참조. 창14장. 솔로몬이 지은 성전이 예루살렘에 있고, 결국 이 도시는 하나님이 택하신 하나님의 도성이기도 하다. 하나님은 예루살렘에 자기 이름을 주시겠다고 말씀하신다. 참조. 신12장

신명기에서 하나님은 이스라엘 백성들이 가나안 땅에 정착할 때 하나님께 예배드릴 공간으로 유일한 "성소의 중앙화"centralization of the sanctuary를 요구하신 것을 알 수 있다. "오직 너희의 하나님 여호와께서 자기의 이름을 두시려고 너희 모든 지파 중에서 택하신 곳인 그 계실 곳으로 찾아 나아가서 너희의 번제와 너희의 제물과 너희의 십일조와 너희 손의 거제와 너희의 서원제와 낙헌 예물과

너희 소와 양의 처음 난 것들을 너희는 그리로 가져다가 드리고"신12:5-6. 8) "성소의 중앙화" 요구는 모든 희생 제물이 단 하나의 성소 제단에서 드려져야 한다는 의미이다. 이렇게 당시 예배 공간이 단 하나의 장소가 되어야 한다는 것은 한 분 하나님에 대한 이해와 조화를 이룬다. 하나님이 지시하신 유일한 성소는 하나님의 현현의 공간으로 예배의 거룩함에 대한 외적 표현이기도 하다. 하지만, 하나님의 현현은 장소에 제한을 받으신 것은 결코 아니다. 하나님이 지시하신 장소는 인간의 연약한 종교적 심성이 타락하지 않도록 방지하기 위한 방책이었다.

하나님이 택하신 장소는 가나안 족속이 섬기는 다수의 예배 공간과 대비된다는 것도 암시한다. 한 백성 이스라엘을 택하신 하나님은 다수의 예배 처소가 아닌 유일한 예배 공간을 택하신 것이다. 하나님께서 예배 공간을 특정하신 것은 사사시대처럼 사람들이 자기 소견에 옳은 대로 예배를 드리지 않게 하기 위함이다. 솔로몬 성전이 예루살렘에 완성된 이후에는 절대적 제의 공간은 예루살렘으로 확립된다.9) 신명기에서 이스라엘 백성들에게 예배 공간과 함께 하나님은 예배 규정을 제시하신다. 참조. 신12-16장 예배 규정 속에서 발견되는 이스라엘 예배 공동체의 성격은 단순한 제의 공동체가 아니라 사랑과 정의의 공동체가 될 것을 아울러 강조한다. 10)

---

8) R.E. Clements, 『신명기』, (서울: 한들출판사, 2002), 95-101을 참조하라. 신명기에 등장하는 하나님이 지시하는 한 장소는 "중앙 성소"인지, 아니면 "유일 성소"인지 아직도 논란이 되고 있다. 특히 출애굽기 20:24-26과 관련해서 비교해 볼 때 신명기의 규정은 상당한 교정을 요구하는 것이기에 더욱 논란을 불러일으킨다. 이 논의와 관련해서 C. Wright, *Deuteronomy* (NIBC; Peabody: Hendrickson, 1996), 162-66, 169-70; J.G. McConville, 'Time, Place and the Deuteronomic Altar-Law' in J.G. McConville and J.G. Millar, Time and Place in Deuteronomy (JSOTSS 179; Sheffield: Sheffield Academic Press, 1994), 89-139를 참조하라.

9) Clements, 『신명기』, 96-99를 보라.

10) Wright, *Deuteronomy*, 158-62를 참조하라.

요약하면, 구약시대에는 하나님이 지시하신 예배 공간이 있었고, 이런 점에서 예배 처소가 제한되어 있었던 것은 분명해 보인다. 하지만, 예배 공간의 구분과 지시는 이방종교와의 혼합이나 우상숭배로 인한 종교의 타락 위험을 방지하기 위한 것임을 알 수 있다. 더욱이 하나님이 유일하신 신이기에 한 분 하나님께 한 장소에서 예배드리도록 한 것을 알 수 있다. 이런 점에서 구약시대에 예배 공간은 중요한 의미가 있었다. 하지만, 하나님은 예배 공간에 제약을 받으시는 분이 결코 아니다.

2) 신약성서의 예배 공간

신약성서 시대에 비록 구약시대의 성전이 존재했지만 예수께서 성육신하신 이후에 신약성서에서 예배 공간의 의미는 구약성서 시대와 전혀 다르다. 초대 교회 공동체가 예배를 위한 모임 장소로 사용한 예배 공간은 개인의 집이었다. 이런 상황은 상당히 오랫동안 지속되었다.[11] 사도행전에서 예배 공간은 개인의 집이었던 것을 알 수 있다. 참조. 행 1:13, 15; 2:1-2; 5:42; 15:35 초대 교회 공동체가 개인의 집을 예배 공간으로 사용한 이유는 유대교와 갈등으로 인한 회당 사용의 금지와 건축물을 소유할 경제적 여유가 없었던 점, 그리고 가옥이 갖는 여러 가지 장점을 그 이유로 고려할 수 있다.[12]

예수께서 공생애를 시작하신 이후에 예루살렘 성전에서 발생한 "예수의 성전사건"Jesus' temple accident은 예배 공간의 새로운 관점을 제공한다. 참조. 참조. 요 2:13-22; 막 11:15-17, 마 21:12-13, 눅 19:45-46, [13] 이 성전 사건에서 예수는 유대인들

---

11) 조병수, 『신약의 교회』, (수원: 합신대학원출판부, 2011), 18-40을 참조하라.
12) 조병수, 『신약의 교회』, 95-106을 참조하라.
13) 예수의 성전 사건은 사복음서에 모두 기록되어 있다. 하지만, 공관복음서의 기록은 이 사건을 예수께서 십자가에서 처형되기 전 유월절에 예루살렘으로 들어가셨을 때 일어난 사건으로 기록한

의 표적을 요구하는 질문에 "너희가 이 성전을 헐라 내가 사흘 동안에 일으키리라."요 2:19고 대답한다. 하지만, 마가복음서 기자는 이 상황을 "어떤 사람들이 일어나 예수를 쳐서 거짓 증언 하여 이르되 우리가 그의 말을 들으니 손으로 지은 이 성전을 내가 헐고 손으로 짓지 아니한 다른 성전을 사흘 동안에 지으리라 하더라 하되 그 증언도 서로 일치하지 않더라."막 14:57-59라고 기록하면서 거짓 증인의 말로 소개한다.

하지만 요한복음서 저자는 예수의 말씀을 해석하여 소개하면서 "예수는 성전된 자기 육체를 가리켜 말씀하신 것이라"요 2:21고 제시한다. 요한복음서의 저자는 예수의 행위Jesus' action 속에서 구약성서의 예언이 성취되는 것을 보게 하려는 의도가 있는 것처럼 보인다. 예수께서 "내 아버지의 집으로 장사하는 집을 만들지 말라"16절고 말씀하신 것은 스가랴 14:21b, "그 날에는 만군의 여호와의 전에 가나안 사람'케나아니', '장사꾼'이 다시 있지 아니하리라."가 그 배경처럼 보이기 때문이다. 14) 예수께서 성전에서 보여주신 특이한 행동은 성전 예배의 거룩함the purity of temple worship에 대한 지극한 관심이지, 그 당시의 성전 제사를 폐지하려는 의도는 결코 아니다. 참조. 요 4:23-24 요약하면, 예수의 성전사건이 의도한 것은 건축물로서 성전이 유대인들에게 지속될 성전이 아니라, 십자가에서 죽으시고 부활하심으로 친히 성전이 되실 예수 자신을 미리 선언하신 사건으로 이해할 수 있다. 더 이상 건축물로서 성전이 구약시대처럼 의미가 없다는 것이며, 신약시대에 건축물로서 성전은 더 이상 존재할 수 없다는 선언이다. 참조. 요 14:2-

---

다. 반면에 요한복음서의 기록은 예수께서 공생애를 시작하시고 처음 유월절이 가까이 다가왔을 때 예루살렘에서 일어난 것으로 소개한다. 공관복음서와 달리 요한복음서에는 모두 세 차례의 유월절이 등장한다(참조. 2:13; 6:4; 11:55). 필자는 이 사건이 동일한 사건의 기록이라고 이해한다.

14) "장사꾼"으로 번역된 히브리어 (케나아니)는 영어 번역 성경에서 'traders' (RSV, NRSV, REB, NJB), 또는 'merchant' (NAB)로 번역한다.

3, 15)

바울은 고린도서신에서 구약성서의 성전 개념을 급진적으로 변경하여 소개한다. "너희는 너희가 하나님의 성전인 것과 하나님의 성령이 너희 안에 계시는 것을 알지 못하느냐 누구든지 하나님의 성전을 더럽히면 하나님이 그 사람을 멸하시리라 하나님의 성전은 거룩하니 너희도 그러하니라."고전3:16-17 바울은 구약시대의 건축물로서 성전이 더 이상 하나님이 거하시는 성전이 아니라, 고린도 교회의 성도들이 하나님의 성전이라고 교훈한다.참조. 고후6:16; 엡2:21 이것은 하나님의 영이 고린도 교회 성도들 가운데 거하신다는 의미이다. 하나님의 영은 인간의 손으로 만든 성전에 거하시지 않는다참조. 사66:1; 왕상8:27; 행7:48-50. 하나님은 이제 신약시대에 건축물로서 교회당이 아니라 신자들의 공동체 가운데 거하신다, 참조. 사2:1; 44:3; 겔36:27; 39:29; 욜2:28; 학2:5. 16)

교회 공동체는 보이는 장소 및 지역의 교회일 수도 있지만, 실제로는 보이지 않은 성도들의 유기적 공동체를 의미한다. 이런 점에서 바울이 언급한 "성전을 더럽히면"17절은 공동체를 이루는 신자 개개인의 윤리적인 삶과 밀접하게 관련된다. 신자들의 일상의 삶이 윤리 도덕적으로 파괴될 때 하나님의 성전은 파괴되거나 더럽혀지는 것을 암시한다. 결국 보이지 않은 영이신 하나님께서 이제 그리스도인들의 몸 안에 성령으로 거하신다. 보이지 않는 하나님이 보이는 사람의 몸 안에 거하시게 된 것이다. 그러므로 성도의 삶에서 가장 중요한 것은 거룩함을 유지하는 것이다. "너희는 거룩하라. 나 여호와 하나님이 거룩하니라."레19:2

---

15) 권해생, "'아버집 집'(요 14:2)은 어디에 있는가?", 2014년 12월 13일(토), 요한문헌연구회 발표자료; idem, "요한복음 20:19-23에 나타난 예수의 성전 건축과 메시야 직분", 「신약연구」 30 (2013), 214-39를 참조하라.

16) C.K. Barrett, 『고린토전서』, (서울: 한국신학연구소, 1985), 116-18, 184-86을 참조하라.

바울은 고린도전서 3:16의 사상을 6:19-20에서 다시 반복한다. "너희 몸은 너희가 하나님께로부터 받은 바 너희 가운데 계신 성령의 전인 줄을 알지 못하느냐 너희는 너희 자신의 것이 아니라 값으로 산 것이 되었으니 그런즉 너희 몸으로 하나님께 영광을 돌리라."고전6:19-20. 바울은 고린도 교회 교인들에게 하나님의 성령이 거하시는 몸으로 하나님께 영광을 돌리며 살라고 권면한다20절. 우리의 몸은 단순히 사라지는 것이 아니라 다시 부활 것이며, 하나님의 성령이 거하시는 전이며, 우리의 몸은 하나님이 그 소유주이시기 때문이다.참조. 고전 15장

요약하면, 신약시대의 교회 건축물은 더 이상 성전이 아니며, 거룩한 공간도 아니다. 교회 건축물로서 예배당은 단순히 예배와 교인들의 모임을 위한 공간을 제공하는 기능을 가졌을 뿐이다. 이런 점에서 교회 건축물로서 교회당 또는 예배당을 성전이라고 부르는 것은 신학적으로 잘못된 것이며 적절하지 않다. 더욱이 교회 건축물로서 예배당을 건축하면서 성전 건축이라고 신자들에게 공지하거나, 마치 구약시대의 솔로몬이 성전을 건축할 때처럼 성전 건축을 위한 헌물을 바치도록 독려하는 행위는 신자들을 호도하는 속임수일 뿐이다.

3. 성서에서 가르치는 예배의 의미

오늘날 교회 건축물 안에서 드려지는 예배란 어떤 의미인가? 구약성서 시대에 예배란 이스라엘 백성들이 하나님에 대한 사랑과 감사를 표현한 신실한 행위였다. 특히 신명기에서 예배는 모든 희생 제물이 단 하나의 성소 제단에서만 드려져야 한다고 가르친다. 이런 예배의 목적은 하나님을 기쁘시게 하기 위한 것으로 하나님이 지시하신 모든 예배의 절차와 규정을 준수하는 것이었다. 하나님이 지시하신 예배 공간에서 희생 제사를 드려야 하는 것은 예배의 정결함

에 대한 외적 표현이기도 하다.17) 하지만, 신명기에서 예배는 단지 제의적 종교 행위에만 머물지 않았던 것을 공동체 규례에서 확인할 수 있다. 신명기는 예배와 함께 최우선적으로 지켜져야 할 규범으로 사회적 약자에 대한 배려를 언급한다. 구약에서 사회적 약자는 고아, 과부, 나그네, 레위인이다참조. 신27:19. 특히 레위인이 사회적 약자로 취급 받은 것은 땅을 분배 받지 않아서 경제적으로 독립할 수 없었고 다른 지파의 도움을 받아야 했기 때문이다.

이스라엘 백성들은 하나님께 예배를 드리는 경건한 공동체이기에 사랑과 정의의 공동체를 이루기 위하여 사회적 약자들을 구체적이며 실제적으로 돌보아야 한다고 가르친다참조. 신23:24-25; 24:14-22. 하나님께 예배드리는 공동체로서 이스라엘 백성들은 유월절, 칠칠절, 초막절 등의 절기에 모일 때에도 사회적 약자들과 함께 하며 물질을 나누어 줄 것을 요구한다. "네 하나님 여호와께서 너와 네 집에 주신 모든 복으로 말미암아 너는 레위인과 너희 가운데에 거류하는 객과 함께 즐거워할지니라. 셋째 해 곧 십일조를 드리는 해에 네 모든 소산의 십일조 내기를 마친 후에 그것을 레위인과 객과 고아와 과부에게 주어 네 성읍 안에서 먹고 배부르게 하라."신26:11-12, 18) 예배 행위가 있지만 그 공동체가 사회적 약자를 무시하거나 외면할 때 더 이상 그 예배는 하나님이 받으시는 예배가 아님을 가르친다.

예배 공간과 함께 예배의 의미를 고려할 때 요한복음 4:19-26의 단락은 매우 적절한 교훈을 제시한다. 요한복음 4장에 등장하는 예수와 사마리아 여인에 대한 전체 내용을 간략하게 요약하면 다음과 같다. 수가Sychar라는 지역의 우물가에서 예수가 사마리아 여인을 만나서 대화가 진행된다. 예수의 제자들은 양

---

17) Clements, 『신명기』, 96-97을 보라.
18) D.L. Christensen, 『신명기 21:10-34:12』, (WBC; 서울: 솔로몬, 2007), 315-333을 참조하라.

식을 사러 갔다는 저자의 설명과 함께 대화의 장면에서 사라진다. 사마리아 여인과 예수의 대화가 진행되는 가운데 이 여인은 "하나님의 선물"과 "생수"에 관하여 듣게 되며, 예수에 대한 인식이 점진적으로 변화되어 간다. 사마리아 여인은 예수와의 대화 속에서 자신의 과거의 삶을 모두 알고 있는 예수를 선지자로 인식하며 고백한다.

요한복음 4장에 등장하는 사마리아 여인은 지금까지 대부분의 주석가와 설교자들에 의하여 윤리 도덕적으로 부정한 여자로 취급되었고, 이 여인이 예수를 만난 후에 그를 하나님의 아들, 메시아로 믿고 신앙을 고백한 것으로 소개되고 있다.[19] 그렇지만 본문을 자세히 살펴볼 때 이 여인을 윤리 도덕적으로 부정한 사람이라고 명시적으로 언급한 근거를 찾는 것이 쉽지 않다. 더욱이 이 여자가 예수를 하나님의 아들, 메시아로 믿고 신앙을 고백했는지에 대해서도 본문은 분명하게 언급하지 않은 것 같다.[20]

사마리아 여인이 예수와 대화하는 중에 예수를 선지자로 인식한 이후에 대화 주제를 "예배 장소"에 대한 것으로 바꾼다요 4:19-20. 예수를 선지자로 인식한 사마리아 여인이 예수께 예배 장소와 관련하여 대화를 시작한 것이다. 예수는 사마리아 여인이 제기한 예배 공간에 대한 문제에 대하여 언급하면서 예배

---

19) R.E. Brown, *The Gospel according to John*, I, (AB; 2 vols. New York: Doubleday, 1966-70), 171. 브라운은 사마리아 여인을 일방적으로 부도덕한 사람으로 평가하지 않고 유대인들이 오직 세 번의 결혼만 허락한 것을 전제로 하여 이 기준에서 이해한다면 이 여인은 부도덕한 사람이라고 조심스럽게 평가한다. L. Morris, *The Gospel according to John* (NICNT; Grand Rapids: Eerdmans, 2nd edn, 1995), 228, 234; J.N. Sanders and B.A. Mastin, *The Gospel according to St John* (London: Adam & Charles Black, 1968), 142; J.R. Michaels, John (NIBC; Peabody: Hendrickson, 1989), 71; 이상근, 『신약성서주해 요한복음』, (대구: 성등사, 27판, 1996), 98; 박수암, 『신약주석 요한복음』, (서울: 대한기독교서회, 2002), 136-37; 박윤선, 『요한복음』, (서울: 영음사, 1979), 158-59; 이상훈, 『요한복음』, (대한기독교서회창립 100주년기념 성서주석; 서울: 대한기독교서회, 1993), 162. 대부분의 한국 학자들의 주석은 사마리아 여인을 부정적으로 평가한다.
20) 조석민, 『요한복음의 새관점』, (서울: 솔로몬, 개정증보판, 2015), 205-29를 참조하라.

장소 보다는 예배의 대상과 의미에 대해서 말씀하신다. 이 단락요4:19-26에서 당시 유대교와 사마리아 종교 사이에 예배 장소와 관련하여 극단적 대립과 갈등이 있었음을 암시한다. 신약시대의 사마리아인들은 북쪽으로는 갈릴리와 남쪽으로는 유대 사이에 위치한 사마리아 중앙 산지 곳곳에 흩어져 거주하던 종교 집단이었다. 이들은 실제로 고대 세겜Shechem 지역에 인접한 그리심 산Mount Gerizim에 신앙의 초점을 두고 있었다. 사마리아인들이 그리심 산에 예배 처소를 세운 것은 그들이 종교적 권위를 부여하고 있는 사마리아 오경의 신명기 11:26-29과 27:1-8에 근거한 것이다. 그러므로 사마리아인들은 세겜을 내려다보는 그리심 산 위에 사마리아 성전을 건축했다.요4:20, 21) 사마리아 여인이 예수께 예배 공간에 대한 주제로 대화를 시작한 것은 예수를 선지자로 인식했기 때문이다. 사마리아 여인은 예수를 사마리아 종교에서 기다려온 선지자 '타헤브' bht로 인식하였다.22)

사마리아 여인이 "우리 조상들은 이 산에서 예배하였다."요4:20는 의미는 첫째, 사마리아인들이 그리심 산에서 예배드리고 있다는 것이며, 둘째, 사마리아 여인이 실제적으로 종교 생활을 하고 있음을 암시하는 것이다. 당시 예배의 장소 문제는 사마리아인들과 유대인들 사이에 가장 민감한 종교 문제였다. 하지만, 예수의 대답은 예배 공간이 문제가 되지 않는다는 것을 분명히 교훈한다. "예수께서 이르시되 여자여 내 말을 믿으라 이 산에서도 말고 예루살렘에서도 말고 너희가 아버지께 예배할 때가 이르리라."요4:21 예수의 대답은 예배 공간이 예배에 전혀 문제가 되지 않는다는 것을 암시한다. 구약시대에 예배 공간이 중요한 문제였다면, 그래서 하나님께서 지시하신 장소가 있었다면, 신약시대에

---

21) 사마리아 성전은 BC 128년 요한 힐카누스(John Hyrcanus)가 세겜을 점령했을 때 파괴됐다. G.R. Beasley-Murray, *John* (WBC; Nashville: Thomas Nelson, 2nd ed., 1999), 61.
22) '타헤브'에 관해서 조석민, 『요한복음의 새관점』, 181-201을 참조하라.

예배 공간은 더 이상 문제가 되지 않는다는 의미이다.

예배 공간에서 드려지는 예배와 관련해서도 예수께서는 사마리아 여인에게 다음과 같이 교훈한다. "아버지께 참되게 예배하는 자들은 영과 진리로 예배할 때가 오나니 곧 이 때라 아버지께서는 자기에게 이렇게 예배하는 자들을 찾으시느니라. 하나님은 영이시니 예배하는 자가 영과 진리로 예배할지니라."요 4:23-24. 24절의 "영과 진리로 예배"는 "영 즉, 진리로 예배"라고 번역하는 것이 문맥상 어울린다.23) 요한복음 14:17"그는 진리의 영이라..."에 의하면 보혜사 성령은 진리의 영이다.

진리이신 성령으로 드리는 예배의 의미는 다음과 같다. 첫째, 성령으로 드리는 예배만이 참된 예배라는 의미가 있다. 왜냐하면 하나님은 영이시기에 영으로 드리는 예배를 받으시기 때문이다. 인간이 만든 예배 순서와 다른 모든 형식은 영으로 드리는 예배를 위한 보조적 역할만 할 뿐이다. 둘째, 영으로 드리는 예배의 의미는 예배란 영적으로 거듭난 사람들만이 드릴 수 있는 예배란 뜻이다. 성령으로 거듭난 사람이 아니라면 하나님께 참된 예배를 드릴 수 없다는 의미이다. 요한복음 14:17에 의하면 세상은 '진리의 영' 이신 보혜사 성령을 보지도 못하고 알지도 못하므로 맞아들일 수 없다고 말한다. 셋째, 하나님은 영이시기에 영으로 드리는 예배에 동참하신다는 의미이다. 하나님이 예배에 함께 하시는 것은 영으로 함께 하시는 것이다. 하나님이 함께 하시지 않는 예배란 아무 의미가 없는 인간의 공허한 모임일 뿐이다.

---

23) 요 4:23-24의 '영과 진리'에서 '과'(kai,)는 설명적 보어(epexegesis)로 사용되었다. 이런 용례는 요한 3:5에서도 볼 수 있다. 그러므로 요 3:5은 '물과 성령으로'가 아니라 '물 즉, 성령으로'라고 번역해야 한다. 요한문학에서 kai,의 설명적 보어 용법은 자주 발견되는 요한의 용례이다(예를 들면, 1:16; 4:23; 계 1:19; 2:2, 19; 3:17 등). F. Blass and A. Debrunner, *A Greek Grammar of the New Testament and Other Early Christian Literature* (Chicago: University of Chicago Press, 1961), 228.

바울은 그리스도인의 예배드리는 삶과 관련해서 다음과 같이 권면한다. "그러므로 형제들아 내가 하나님의 모든 자비하심으로 너희를 권하노니 너희 몸을 하나님이 기뻐하시는 거룩한 산 제물로 드리라 이는 너희가 드릴 영적 예배니라. 너희는 이 세대를 본받지 말고 오직 마음을 새롭게 함으로 변화를 받아 하나님의 선하시고 기뻐하시고 온전하신 뜻이 무엇인지 분별하도록 하라."롬 12:1-2. 로마서에서 바울이 말하고 있는 예배는 "합당한 예배"인데 이것을 바울은 "여러분의 몸을 하나님께서 기뻐하실 산 제물로 드리는 것"이라고 말한다. 본래 구약성서에서 제물은 죽여서 하나님께 드리는 것인데 바울은 "산 제물", 즉 살아있는 제물이라는 표현을 사용한다. 이것은 구약성서의 제물과 다른 모습이 있음을 암시한다. 다시 말해서 그리스도인이 하나님께 드리는 예배는 의식으로서 드리는 예배 행위보다도 삶 속에서 드려지는 삶 자체를 의미하는 것이다. 이런 점에서 삶이 없으면 형식적인 예배는 예배일 수 없다.24)

매일의 삶에서 하나님을 높이며, 그가 하나님 되심을 드러내지 않으면서 주일에만 교회당에 나와서 예배를 드리는 것은 면죄부를 받으려는 것이나, 아니면 가식적인 삶을 그럴듯하게 포장하기 위한 것일 뿐이다. 물론 이런 가운데서라도 다시 자신의 삶이 잘못된 것을 인정하고 회개하며 하나님께 예배드리는 사람도 있을 것이다. 그런 사람은 그래도 소망이 있다. 그렇지만 삶이 조금씩 변화되지 않으면 그것은 습관적인, 종교적 행위일 뿐이다. 하나님을 예배하는 것이 아니라 자신과 이웃과 하나님을 속이는 것이다. 일상의 삶을 살면서 함께 모여 드리는 주일예배를 갈망하다가 하나님께 나와서 예배를 드리기에 감격이 있고, 감사의 눈물이 있는 것이다. 하나님께 예배드리며 감사와 감격, 찬양이 없는 것은 한 주일 동안 하나님 없이 분주하게 살았거나, 자기의 욕심을 채우려

---

24) T.R. Schreiner, 『로마서』, (서울: 부흥과 개혁사, 2012), 759-66을 참조하라.

고 정신없이 살다가 나와서 예배드린다고 겉으로만 폼 잡기 때문이다.

　그리스도인의 삶이 예배를 통해서 드러난다는 것은 일상생활을 통해서 하나님 앞에서 사는 것을 의미한다. 일상생활은 이런 점에서 예배의 장소이며 예배의 행위일 수 있다는 것이다. 일상생활이 윤리 도덕적으로 타락하고 정당성을 갖추지 못했다면 교회당 안에서 드리는 예배는 일종의 면죄부 역할만 하는 죽은 예배가 될 수 있다. 그리스도인의 삶이 예배를 통해서 드러난다는 것은 일상의 삶을 치열하게 살다가 공동체가 함께 모여 우리의 삶을 드러내놓고 하나님 앞에서 잘못을 시인하고 조금씩 변화되기를 기대하며 실제로 변화를 시도하는 것이다. 이것을 내용으로 하나님 앞에서 예배 형식을 따라 예배드릴 때 진정한 예배, 참된 예배가 될 수 있다. 그리스도인들이 일상의 삶을 엉망으로 살다가 주일에 모여서 드리는 예배를 통해서 면죄부를 받으려는 것은 더 이상 예배가 아니다. 그러므로 예배는 일상생활에서 이미 준비되는 것이다.

　결국 참된 예배는 예배를 드리는 공간보다 중요한 것이며, 예배를 드리는 예배자의 생각과 믿음, 그리고 예배를 받으시는 영이신 하나님이 가장 중요하다. 하지만, 사람들은 그럴듯한 공간에서 예배를 드릴 때 비로소 하나님께 예배드린다고 생각한다. 종교학적으로 예배가 제의적 요소를 갖추고 있기에 종교적 분위기가 연출 되도록 사람들은 예배 공간에도 온갖 노력을 다하며 심혈을 기울인다. 하지만, 하나님은 인간이 만든 건축물인 예배당 안에만 계시는 분이 아니다. 더욱이 그 예배를 받으시는 분은 단순히 의식적이며 일정한 형식을 갖춘 예배만 받으시는 것이 아니다. 참조. 롬 12:1-2

나가는 말

예배란 단순히 예배당 안에서 벌어지는 종교 의식으로 나타나기 보다는 그리스도인의 평범한 일상의 삶 속에서 구체적으로 드러나야 한다. 일반적으로 그리스도인들의 종교 행위란 예배 공간에서 신앙고백을 공유하고 있는 공동체를 통해서 집단적 종교행위로 나타난다. 특히 이런 종교 행위는 특정한 날, 특정한 시간에, 특정한 공간에서 나타날 수 있다. 다시 말해서, 주일에 그리스도인들이 교회당에 모여서 하나님께 예배를 드리며, 바로 그 시간에 찬양과 기도, 하나님의 말씀에 귀를 기울이는 것, 등으로 나타난다. 하지만, 만일 종교 행위로서의 삶이 교회당 안에서만 나타난다면 그것은 가식일 수 있고, 포장된 욕망일 수 있다. 일상의 삶과 종교 행위는 서로 긴밀하게 연결되어 나타나야하기 때문이다.

그리스도인이 예배 공간에 모여서 하나님께 예배를 드리지만, 그 예배가 단순한 종교 행위에 머물고 있다면 그것은 다른 종교 행태에서 나타나는 것과 크게 다르지 않을 수 있다. 개신교는 단순한 종교 행위를 통해서 신앙을 유지하는 것이 아니기 때문이다. 그리스도인들이 같은 예배 공간에서 함께 모여 하나님께 드리는 예배는 단순히 신神을 기쁘게 하거나, 만족시키는 행위에 머무르지 않는다. 이런 점에서 예배는 단순히 교회 건축물 안에서만 이루어지는 것이 아닐 수 있다. 예배는 삶의 현장에서 시작되는 것이며, 그런 삶을 살아가는 사람들이 함께 모여 같은 공간에서 신앙고백을 하는 행위이다. 일상의 삶이 하나님을 예배하듯 하는 사람이 아니라면, 예배는 종교 행위에 지나지 않을 뿐이기 때문이다.

이런 점에서 예배는 경건의 표상이 아니라 가장 초보적인 그리스도인의 일상생활의 한 부분일 뿐이다. 자칫 예배가 형식적으로 흘러갈 때, 그래서 예배 공간에서 드려지는 순서와 행위로 끝날 때, 그것은 인간의 포장된 탐욕일 수 있고, 면죄부일 수도 있다. 예배 공간도 예배를 위한 공간이라고 건축하지만 자칫 인간의 욕망이 교묘하게 포장된 집묘 결과물일 수 있다는 사실을 알아야 한다. 예배란 예배 공간에서 드려지는 것일 뿐 아니라, 일상의 삶에서 예수 그리스도 안에 나타난 하나님의 계시에 대한 인간의 응답이기 때문이다.

올바른 신학 없이는 개신교의 예배가 인간이 만든 그럴듯한 건축물 안에서 무속 종교의 의식으로 전락하기 쉽다. 신학이 없는 예배는 감상적이고 피상적이 되기 쉽고, 인간의 욕망을 종교의식으로 포장하여 드러내는 경건일 수 있다. 전통적인 토속 종교의식이 우리 사회 전반에 흐르고 있는 상황에서 무속종교나 유교 및 불교의 예배 형식의 연장이나 변형된 형태가 되지 않도록 참된 예배와 예배 공간에 대한 올바른 이해가 필요하다. 참된 예배를 위하여 예배 공간도 적절히 건축되어지고 사용되어야 한다.25) 예배의 대상인 하나님에 대한 올바른 인식과 믿음은 예배에서 예배 공간보다 중요한 요소이다.

참고문헌

권해생, "요한복음 20:19-23에 나타난 예수의 성전 건축과 메시야 직분," 「신약연구」 30 (2013), 214-39.
박수암, 『신약주석 요한복음』, 서울: 대한기독교서회, 2002.
박윤선, 『요한복음』, 서울: 영음사, 1979.
신광은, 『메가처치 논박』, 부천: 정연, 2009.
양희송, 『가나안 성도 교회밖 신앙』, 서울: 포이에마, 2014.

---

25) 예배와 예배 공간의 건축물과 관련하여 J.F. White and S.J. White, 『교회건축과 예배공간』, (서울: 새물결출판사, 2014)을 참조하라. 이 책은 미국의 교회건축물을 배경으로 집필된 것이다. 교회건축과 관련하여 실제적인 좋은 정보를 제공하고 있으나, 대형교회 건축물을 위한 제언이 반영되어 있어서 한국 개신교의 교회 건축물과 관련하여 비판적 읽기가 필요한 책이다.

―――, 『다시 프로테스탄트』, 서울: 복있는 사람, 2012.
이계선, 『대형교회가 망해야 한국교회가 산다』, 서울: 들소리, 2009.
이상근, 『신약성서주해 요한복음』, 대구: 성등사, 27판, 1996.
이상훈, 『요한복음』, 대한기독교서회창립 100주년기념 성서주석. 서울: 대한기독
   교서회, 1993.
조병수, 『신약의 교회』, 수원: 합동신학대학원대학교출판부, 2011.
조석민, 『그리스도인의 세상보기』, 대전: 대장간, 2011.
―――, 『요한복음의 새관점』, 서울: 솔로몬, 개정증보판, 2015.

Barrett, C.K., 『고린토전서』, 서울: 한국신학연구소, 1985.
Christensen, D.L., 『신명기 21:10-34:12』, WBC. 서울: 솔로몬, 2007.
Clements, R.E., 『신명기』, 서울: 한들출판사, 2002.
Schreiner, T.R., 『로마서』, 서울: 부흥과 개혁사, 2012.
White, J.F. and S.J. White, 『교회건축과 예배공간』, 서울: 새물결출판사, 2014.

Beasley-Murray, G.R., *John*. WBC. Nashville: Thomas Nelson, 2nd ed., 1999.
Blass, F. and A. Debrunner, *A Greek Grammar of the New Testament and Other Early Christian Literature*. Chicago: University of Chicago Press, 1961.
Brown, R.E., *The Gospel according to John*. AB. 2 vols., New York: Doubleday, 1966-70.
McConville, J.G., 'Time, Place and the Deuteronomic Altar-Law' in J.G. McConville and J.G. Millar, *Time and Place in Deuteronomy* (JSOTSS 179; Sheffield: Sheffield Academic Press, 1994), 89-139.
McConville, J.G. and J.G. Millar, *Time and Place in Deuteronomy*. JSOTSS 179. Sheffield: Sheffield Academic Press, 1994.
Michaels, J.R., *John*. NIBC. Peabody: Hendrickson, 1989.
Morris, L., *The Gospel according to John*. NICNT. Grand Rapids: Eerdmans, 2nd edn, 1995.
Sanders, J.N. and B.A. Mastin, *The Gospel according to St John*. London: Adam & Charles Black, 1968.
Wright, C., *Deuteronomy*. NIBC. Peabody: Hendrickson, 1996.

4장
하나님의 교회와 인간의 법
"하나님이 다 하셨습니다"

유정훈
변호사 / 법무법인 이제

하나님의 교회와 인간의 법
"하나님이 다 하셨습니다"

유정훈

1. 들어가며 [1]

"하나님이 다 하셨습니다"

사랑의교회가 2013년 11월 서초예배당을 완공하고 입당하면서, 교회 내외에 밝힌 캐치프레이즈다. 이 문구는 예배당 건축을 완성한 사랑의교회 교인들의 마음에서 우러나온 신앙고백일 수도 있으니, 쉽게 폄하하지 않으려 한다. 그저 교회 안에서 별 뜻 없이 사용되던 상투적인 표현으로 넘길 수도 있겠다.

하지만, 건축 과정에서 불거져 나온 수많은 위법과 특혜 논란, 교회 본질을 훼손한다는 비판, 그리고 "사랑의교회마저 그럴 수 있냐"는 안타까움을 뒤로한 채 이루어진 예배당 건축을 "하나님이 다 하셨습니다"라는 말로 정리한 것은 많은 사람들에게 놀라움을 안겨 주었고, 비판과 패러디 "하나님께서 당하셨습니다!"의 대상이 되기도 했다.

이 글의 문제의식은 사랑의교회 예배당 건축을 "하나님이 다 하셨습니다"

---

1) 이 글에 포함된 법률적 견해는 개인의 의견이며 소속 법무법인을 대표하지 않는다.

라는 한마디로 정리한 지점에서 출발한다. 도대체 사랑의교회 예배당 건축에서 하나님이 무엇을 다 하셨다는 말인가? 사랑의교회도 건축 과정에서 많은 문제가 제기되었음을 부인하지 못할 것이다. 그런데 그런 상황을 "하나님이 다 하셨습니다"라는 한 마디로 정리한다? 나는 이것이 단순한 표현이 아니라, 지금의 한국 주류 개신교가 예배당 건축에 대해 가지고 있는 일반 정서를 아주 잘 표현하는 말이라 생각한다. 저 단순한 말 한마디가 예배당 건축이 교회 본질을 훼손하는 현상의 근원을 찾아가는 실마리가 될지도 모르겠다.

2. 2009년 6월, 사랑의교회에 대체 무슨 일이 있었는가?

기독연구원 느헤미야가 주관하는 "한국교회 개혁을 위한 연중포럼"에서 나를 발표자로 부른 이유는 물론 사랑의교회 건축 문제 때문이다. 사랑의교회가 건축계획을 발표했던 2009년 6월 당시 나는 거의 최초로 교회 내부에서 공개적으로 반대의견을 제시했고, 그 후 건축이 진행된 과정을 비교적 자세히 알고 있다.

여기서 사랑의교회 건축과정에서 발생한 일들을 연대기적으로 정리하고, 그 과정에서 노출된 법률적 문제점을 조목조목 분석하거나, 그런 문제들이 왜 교회 본질을 훼손하는지 지적할 수도 있을 것이다. 하지만, 그런 자료는 이곳 저곳에서 이미 많이 소개되었을 뿐 아니라, 사랑의교회와 갱신위원회 간의 문제는 별론으로 사랑의교회 예배당 건축은 이미 완료된 일이기 때문에, 굳이 지금 시점에서 이를 망라하여 분석하고, 평가할 특별한 이유는 없다고 생각한다.

일단 아주 단순하게 2009년 6월, 청년부 리더이기는 하지만 교회 전체가 어떻게 돌아가는지 잘 알지 못했을 뿐 아니라, 또한 큰 관심도 없던 평범한 교인의 시점으로 돌아가 보자. 2009년 6월 7일 주일, 주보를 이리저리 살펴보던 중, "사랑의교회의 새로운 예배, 교육, 선교 공간을 위한 부지 매입을 당회 및 제직회에서 의결하여 계약을 체결하고 은행으로부터의 자금 차입 등 필요한 절차를 진행하고 있습니다. 성도 여러분의 많은 기도를 부탁 드립니다"라는 내용의 짤막한 광고가 눈에 들어왔다. 물론 예배당 건축 이야기는 전혀 새로운 일은 아니었다. 당시 강남 예배당이 포화 상태를 한참 넘어섰다는 것은 더 말할 필요가 없고, 2002년 사랑의교회에 등록했을 무렵 교회 내부자로부터 "오정현 목사가 부임하면, 당장 교회 건축부터 시작할 거다"라는 말을 듣기도 했다.

그런데, 그 광고는 좀 이상했다. 예배당 건축을 위한 신축부지 매입, 자금차입 같은 것은 매우 중요한 일 아닌가. 사랑의교회 정도 규모의 교회가 건축을 한다면, 땅값만 최소한 수백억은 될 것이 분명하다. 자금차입을 위해 교회재산을 담보로 제공하려면 공동의회 결의를 거쳐야 한다. 그런데, 그 광고는 건축과는 전혀 관계없는 내용인 "사랑의 119 강원도 산골마을 여름단기봉사" 광고와 지난 주 등록한 새신자 명단 사이에 삽입되어 있었다. 여러 의문을 안고 예배당을 나섰다.

그로부터 2주 후인 6월 21일 주일, 오랜만에 오정현 목사의 "사랑의목장" 칼럼이 주보에 실렸다. 이를 통해 신축부지 매입 및 예배당 건축이 공식적으로 발표되었다. 하지만, 여기에도 예배당 건축과 관련한 구체적인 정보는 "교회로부터 멀지 않은 서초동의 2,200평을 구입했다"는 내용뿐이었다. 지금 예배당도 서초동인데, 도대체 서초동 어디란 말인가? 서초동에 2,200평이면 최소 수백억 원일텐데, 교회에 그런 돈이 있나? 도대체 사람을 바보로 아나, 짜증이 확 몰려왔다.

그때 나는 대형 로펌에서 부동산 거래 관련 업무를 한참 많이 다룰 때였다.

궁금함을 참지 못하고, 평소 알고 지내던 고객에게 슬쩍 물어 보았다. "혹시 서초동에 교회가 2천평쯤 땅 샀다는 얘기 들은 것 있으세요?" 업계 관계자는 되물었다. "아, 변호사님, 모르셨어요? 왜 그 서초역 바로 앞에 꽃마을이라고 있잖아요. 대림산업이 드디어 그 땅 팔았대요. 사랑의교회라고 큰 교회가 샀다던데?"

바로 이거였구나. 업무를 마친 후 퇴근을 미룬 채, 온나라부동산종합포털과 인터넷등기소에서 지번을 조회하고 등기부등본 등 서류를 발급받기 시작했다. 서초동 1541-1번지 외 22필지, 6월 1일 매매계약 체결, 6월 17일 매매대금 지급 및 교회 앞으로 소유권 이전등기, 매매대금은 1,139억 3,200만원, 우리은행 강남교보타워지점으로부터 신축부지를 담보로 600억원 차입, 등기부등본만 발급받아도 이 정도 정보는 술술 나온다.

이렇게 해서 알아낸 정보를 당시 종종 글을 쓰던 네이버 블로그에 올렸다. 부동산 전문 변호사가 인터넷을 한 시간 정도 뒤지면 알아낼 수 있는 이 정보가, 사랑의교회의 평범한 교인이 알아서는 곤란한 기밀정보라는 것은 꿈에도 생각하지 못했다. 그렇게 나는 이 문제로 이끌려 들어갔다.

3. 종교와 공적 영역의 접점: 왜 개신교는 유독 "사회법"이라는 단어를 쓰는가?

사랑의교회 건축은 한국 개신교회의 예배당 건축 과정에서 나타나는 전형적인 문제점이 집약된 사례이다. 이 문제의 원인은 하나님의 교회와 인간의 법, 즉 종교 영역과 공적 영역 사이를 어떻게 구분해야 하며, 종교가 국가와 사회의 법 질서 앞에서 어떤 태도를 지녀야 하는지 오해하는 데서 파생하는 문제라고 생각한다.

1) "사회법", "사회법정"이라는 말

"사회법"이라는 말을 법률용어 사전에서 찾아보면, 전통적인 공법公法 또는 사법私法의 영역으로 분류하기 어려운 제3의 지대에 속한 법이라고 설명한다. 즉, 국가 공권력과 국민의 관계를 규율하기 위한 공법도 아니고, 개인 간의 법률관계를 규율하기 위한 사법도 아니고, 자본주의 경제의 폐단을 시정하고 경제적 약자를 보호하기 위해 발달된 법률을 의미하는 것이다. 통상 노동법, 경제법, 사회보장법 등이 이 영역에 속하는 것으로 설명할 수 있다.

아마 교회를 어느 정도 다닌 사람이라면, 대번에 "내가 교회에서 듣고 쓰던 '사회법'이라는 말과 영 다른데?"라는 생각이 들 것이다. 맞는 말이다. 교회에서는 "사회법"이라는 말을 통상적인 의미로 쓰지 않는다. 교회에서는 교회 내부에서 적용되는 "교회법"과 대비되는 개념으로 "사회법"이라는 말을 쓴다. 그리고 교단 내부에서 이루어지는 권징재판과 대비시킬 수 있는 의미로 "사회법정"이라는 말을 쓴다.

문제는 이것이 굉장히 이상한 일인데, 교회 다니는 사람만 이상한 줄 모른다는 것이다. 예를 들어, 대학의 자치나 대학의 자율성은 헌법에 보장된 학문의 자유를 수호하기 위해 필요한 헌법적 가치의 하나로 인정되고 있다. 그렇다고 해서 대학에서 징계를 받은 교수가 이에 불복해서 사법절차를 통해 구제를 받으려고 하거나, 대학재단 문제와 관련되어 소송을 한다고 해서, 대학법이 아니라 "사회법"에 호소했다고 문제를 제기하거나, 대학법정이 아닌 "사회법정"에 간다고 말하는 경우는 없다.

아마도 "교회법"과 "사회법"을 구별하는 것은, 바울이 고린도전서 6장에서 교인끼리 분쟁이 있을 때 교인들 앞에서 해결하지 않고 법적 소송을 통해 해결하려는 것을 비판한 것에서 비롯되지 않았나 싶다. 그런데, 중세 시대라면 모를까 "교회법"과 "사회법"은 동일한 차원에서 대비할 수 있는 개념이 아니다. "교회법"의 수준이라는 것도 그럴 만한 것이 아니다. 그럼에도, "사회법", "사회법정"이라는 말은 잘못을 저지른 목사가 교인들이 법에 호소하는 것을 막기 위해 오용하는 경우뿐만 아니라, 컨텍스트를 불문하고, 때로는 이른바 교회개혁 진영에서도 별다른 문제의식 없이 사용되고 있다. 이는 종교의 영역과 공적 영역을 제대로 구분하지 못하기 때문이다.

2) 종교 영역과 공적 영역이 상호작용하는 방식

근대국가의 헌법은 대체로 종교의 자유를 인정한다. 국가권력은 내심의 영역에 속하는 신앙의 자유를 어떤 이유로도 제한할 수 없다. 근대 이후 정교분리 원칙으로 인해, 국가는 종교에 대해 간섭하거나 종교를 통제할 수 없으며, 중립을 유지해야 한다. 헌법상 정교분리 원칙에서 보면, 2천년의 역사와 전통을 가진 기성 기독교나, 신흥 종교인 "날아 다니는 스파게티 괴물교"Flying Spaghetti Monster는 동일한 종교의 자유를 보장받는다. 이와 같이, 종교 영역이 국가와 사회 안에서 절대 불가침의 우위를 차지하는 유형을 편의상 [영역 I]이라고 하자. 말하자면, [영역 I]에 관한 한, 종교 영역은 국가, 사회와 같은 공적 영역으로부터 초월해 있으며, 어떠한 침해나 간섭을 받지 않고 종교 고유의 자유를 누린다.

그런데 모든 종교는 "초월"을 지향하지만, 진공 상태나 사람의 마음 속에만 존재하는 것이 아니라 현실에 발을 딛고 서 있다. 따라서 종교는 국가와 사회 같은 공적 영역과 상호작용을 하게 되어 있다. 따라서 종교 영역과 공적 영역이 서로 교차하고, 때때로 충돌하는 지점이 빈번하게 발생한다. 예를 들어, 토요일을 안식일로 여겨 토요일에 일하는 것을 금하는(예컨대 제칠일안식일예수재림교) 종파의 신자가 그 이유로 해고를 당했을 때, 토요일 근무를 거부하기 때문에 성실하게 구직활동을 하지 않는다는 이유로 실업수당을 주지 않는다면, 이는 종교 자유에 대한 침해인가, 아니면 공적 영역에서 당연히 감수해야 하는 것인가?[2] 어떤 종교에서는 전통적으로 마약 성분이 들어 있는 향초를 예배의식에 사용하는데, 이를 마약 단속법으로 처벌하는 것은 종교 자유에 대한 침해인가, 아니면 공적 법규를 위반하는 것이므로 마땅히 감수해야 하는 것인가?[3] 동성혼인을 금지하는 교리를 신봉하는 종교인이 동성커플에게 결혼식 꽃장식이나 웨딩 케이크 판매를 거부할 경우, 이는 개인의 종교의 자유라는 이유로 허용되어야 하는가, 아니면 소수자 차별행위로서 법적인 제재를 받아야 하는가?[4] 한 걸음 더 나아가, 단순히 동성 간의 결혼식에 필요한 상품이나 용역 제공을 거부하는 것이 아니라, 공무원이 자신의 종교적 신념을 이유로 동성 간의 혼인신고를 수리하는 공직자로서의 업무를 거부한다면 어떻게 되는가?[5] 돼지고기를 금기시하는 종교를 믿는 요리사가 레스토랑에서 새로 도입한 돼지고기 메뉴를 만드는 것을 거부할 때, 레스토랑 주인이 그 사람을 해고하는 것은 종교의 자유에 대한 침해인가 아닌가? 이런 종류의 문제는 생각보다 다양하고, 이에 대한 해법은 결코 단순하지 않다. 아마 종교와 법학 양쪽에 걸쳐 가장 복잡한 문제일지도 모른다.

---

[2] Sherbert v. Verner, 374 U.S. 398 (1963). 미국 연방대법원의 실제 사건이다.

[3] Employment Division, Department of Human Resources of Oregon v. Smith, 494 U.S. 872 (1990). 미국 연방대법원의 실제 사건이다.

[4] 동성혼인에 관한 논란이 여전히 치열한 미국에서는 콜로라도 주, 오레곤 주 등에서 실제 이런 내용의 소송이 제기된 적이 있거나 계속 중이다.

[5] 미국 연방대법원이 Obergefell v. Hodges 판결을 통해 동성혼인을 헌법적 권리로 인정한 이후, 미국 켄터키 주에서 Kim Davis라는 공무원이 실제로 동성커플에게 혼인증명서 발급을 거부해서 감치에 처해지는 등 논란이 된 적이 있다.

이와 같이 종교 영역과 공적 영역이 교차하는 영역을 [영역 II]라고 하자. [영역 II]는 종교 영역과 국가 및 사회 영역이 서로 분리된 채로 존재할 수 없으며, 끊임없는 긴장과 갈등과 상충相衝의 관계가 파생될 수 밖에 없는 지점이다.

마지막으로, 종교 영역도 일반 시민과 마찬가지로 그 사회의 공적 영역의 법규를 지켜야 하고, 따라야 하는 경우가 있다. 이를 편의상 [영역 III]이라 하자. 물론 이 영역에서도 종교가 사회로부터 일부 특별하게 대우를 받는 경우도 있다. 그러나 이는 종교의 자유와는 별다른 관련이 없으며, 주로 종교가 사회에서 수행하는 긍정적 기능을 인정하기 때문이다종교용 부동산에 취득세 면세 혜택을 주는 것이 바로 그런 경우다. 영역 III은, 종교 영역 또한 사회 일반의 영역에 속해 있으며, 사회 구성원의 일부로서 법적 원칙과 규정을 당연히 준수해야 하는 경우를 말한다. 예를 들어, 사찰에서 사찰음식을 판매하거나 교회가 카페를 운영하면, 예외 없이 식품위생법 및 기타 관련 법령의 규제에 따라야 한다. 교회의 재산관계 역시 마찬가지다. 예를 들어, 모든 재산처분은 교주의 뜻에 절대적으로 따라야 하는 교리를 가진 종교가 있다고 하자. 그렇다 하더라도, 해당 종교단체의 재산을 처분하거나 담보로 제공하려면, 민법에 따라 교인총회의 결의를 얻어야 한다. 그렇지 않으면, 해당 거래가 무효임은 물론이고, 경우에 따라서는 그런 행위를 한 사람이 불법행위 책임이나 배임죄로 형사책임을 부담해야 할 수도 있다.

교회 건축과 관련되는 법률관계는 명백하게 [영역 III]에 속한다. 예를 들어, 어떤 종교가 예배를 드리기 위한 건물을 지을 때, 반드시 100미터 이상 높이로 건물을 지어야 한다는 교리를 가지고 있다고 치자. 그렇다고 하여, 고도제한 75미터가 적용되는 부지에 이 종교가 높이 100미터의 예배용 건물을 짓겠다고 하는 것이 종교의 자유를 이유로 정당화된다고 할 사람은 아무도 없을 것이다.

문제는, 한국교회가 예배당 건축은 일반 사회 구성원으로서 행위하는 것이기 때문에 [영역 III]에 속한다는 사실을 인정하지 않고, 마치 [영역 I] 또는 [영역 II]에 속한 것처럼 행동한다는 것이다. 말하자면 예배당 건축은 회사가 사옥을 짓는 것과 별반 다를 바가 없다. 단지 그 건물은 예배를 위한 건물이며, 종교적 기능을 위한 건물일 뿐이다. 그런데 개신교 교회가 예배당 건축을 영적 차원에 속한 신앙적 행위로 인식하고 있거나, 아니면 영역 I, II, III의 차이를 명확하게 구분하는 의식이 불분명해서 그런지 몰라도, 예배당 건축을 하면서 하나님의 교회가 인간의 법을 뛰어 넘으려는 현상이 상당히 두드러지게 나타난다.

4. 예배당 건축의 대내적 법률관계

교회가 예배당 건축을 하더라도 일반적인 법령을 당연히 준수해야 한다. 그러므로 예배당 건축의 법률관계를 교회 내적으로, 또는 교회 외적인 측면에서 살펴볼 필요가 있다.

개신교 교회의 법적 성질은 "법인 아닌 사단"이며, 교회의 재산소유 관계는 교인들의 "총유"總有라는 것은 확립된 판례이다. 대법원 2001. 1. 15. 선고 99두5566 판결 등 교회의 법적 성질을 "권리능력 없는 사단"이라고 하는 것은, 등기된 회사, 사단법인 또는 재단법인처럼 법인은 아니지만, 교회가 일정한 범위에서 소속 교인과는 독립된 하나의 법적 주체로 인정된다는 의미이다. "총유"라는 것은 법인 아닌 사단의 구성원이 집합체로서 물건을 소유하는 경우를 의미하는데,[i] 정관에 규정이 있으면 그에 따르고,[ii] 정관에 규정이 없는 경우, 재산의 관리 및 처분은 구성원 총회 결의과반수 결의에 따르고, 구성원은 정관에 따라 재산을 사용 수익할 수 있다. 즉, 정관에 다른 규정이 없으면, 교회 재산의 관리 및 처분은 교인총회장로교의 경우 공동의회 과반수 결의에 따라야 한다. 예배당 건축이 교회에서 매우 중요한 의사결정이기는 하지만, 형식논리상 건축 결정 자체가 반드시 교인총회 결의 대상인 것은 아니다. 하지만, 예배당 건축의 경우, 기존 건물을 철거하거나, 새로 구입한 부지에 건물을 신축하거나, 때로는 건축에 필요한 자금조달을 위해 교회재산을 담보로 제공해야 하므로, 실제로는 교인총회 결의를 거치지 않고 적법하게 건축을 진행할 수 있는 사례는 쉽게 상상하기 어렵다.

주식회사에서 이사회 또는 주주총회 결의를 한다고 생각해 보자. 제대로 된 회사라면, 이사회 또는 주주총회 결의를 하면서 의결권자에게 어느 정도 구체적으로 정보를 제공해야 하는지, 어느 정도 범위를 구체적으로 정해서 의결을 받을 것인지, 이사회 의사록 또는 주주총회 의사록에는 무슨 내용을 기재할 것인지, 혹시 이에 따라 이사의 책임이 발생될 여지는 없는지, 혹은 배임죄로 형사처벌 대상이 될 가능성이 없는지 등에 대해 면밀하게 검토한다.

그러나 한국교회의 예배당 건축에서는 이러한 과정은 거의 무시되고 생략된다.

"하나님이 다 하셨습니다"라는 문구에서 예배당 건축이 교회본질을 훼손하는 현상의 실마리를 찾을 수 있다고 생각한 것은 이 때문이다. 예배당 건축은 회사의 사옥 건축과 다를 바가 없는 결정인데, 이를 신앙의 이름으로 포장하고 "하나님이 하시는 일"로 생각하면, 문제가 생길 수 밖에 없다. 예배당 건축은 [영역 Ⅲ]에 속하는 문제인데, 마치 [영역 Ⅰ] 또는 [영역 Ⅱ]에 속한 것처럼 행동하면서, 법령이나 사회 통념상 당연히 지켜야 할 과정과 절차를 완전히 무시하게 되면서, 결국 하나님의 교회가 인간의 법을 가볍게 무시하는 현상이 빈번하게 발생하는 것이다.

5. 예배당 건축의 대외적 법률관계

예배당 건축의 대외적 법률관계는 간단하다. 그냥 법을 지키면 된다. 교회가 법을 지켜야 한다는 얘기를 하기 위해 굳이 로마서 13장 1절의 "사람은 누구나 위에 있는 권세에 복종해야 합니다"라는 말씀을 끌어올 필요도 없고, 악법도 법이니 무조건 지키라는 말을 하는 것도 아니다. 예배당 건축은 교회가 종교의 자유를 주장할 수 있는 영역이 아니라, 일반 사회 구성원으로서 행동하는 영역이므로, 사회 속의 시민이라면 누구나 그렇게 하는 것처럼 교회도 건축법 및 기타 관련 법령을 지키면 되는 것이다.

그럼에도 불구하고, 교회가 예배당 건축에 종교적인 의미를 과도하게 부여하면서 법을 무시하거나 준수하지 않는 경우를 보게 된다. 대표적인 경우가 사랑의교회의 공공도로 점용 논란이다. 사랑의교회가 예배당을 건축하면서 공공도로 지하 부분에 대해 점용허가를 받아 교회 건물 용도로 사용하는 것에 대해 위법 또는 탈법 논란이 있다는 점은 세간에 널리 알려진 사실이다.[6]

문제는, 이러한 현상이 단순히 사적 이익 추구를 위한 행위가 아니며, 그 바탕에는 교회가 일반 사회의 법을 준수하지 않아도 된다는 인식이 자리잡고 있다는 것이다. 그렇기 때문에, 그 동안의 위법 또는 탈법 논란에 대한 교회의 답변이 "하나님이 다 하셨습니다"라는, 일반 사회의 상식과는 한참 거리가 있는 대응이 될 수 밖에 없는 것이다.[7]

---

[6] 서초구청장이 서초구 소유 참나리길 지하 부분을 사랑의교회가 지하주차장 진입 통로 및 예배당 시설 일부로 사용하도록 허용한 도로점용허가처분에 대해, 대법원 2016. 5. 27. 선고 2014두8490 판결은 "점용허가의 목적은 특정 종교단체로 하여금 그 부분을 지하에 건설되는 종교시설 부지로서 배타적으로 점유 사용할 수 있도록 하는 데 있는 것으로서 그 허가의 목적이나 점용의 용도가 공익적 성격을 갖는 것이라고 볼 수도 없다"라고 판시하였다.

[7] 사랑의교회 오정현 목사는 "서울시가 뭐라 하든 누가 뭐라 하든, 세상 사회 법 위에 도덕법 있고

다시 말하지만, 예배당 건축은 대부분 [영역 Ⅲ]에 속하는 문제이고, 여기에는 교회가 종교의 자유를 주장할 수 있는 부분은 거의 없다.

6. 글을 마치며

신앙인으로서 그리고 법률가로서, 예배당 건축에 대해 강조하고 싶은 부분은 아주 간단하다. 그것은 예배당 건축은 종교의 자유와는 무관한 영역이니, 이제 그만 인간의 법 저 너머에 있는 높은 자리에서 내려와서 일반 사회 구성원과 같은 법 규정을 따르라는 것이다. 너무 싱거운 이야기 같지만, 그것이 원칙이고 문제해결에 이르는 방법이다. 더 이상 예배당 건축을 "하나님의 일"이라 하지 말고, 일반 사회 구성원의 위치에서 접근하면, 상식에 근거한 의사결정을 할 수 있고, 예배당 건축으로 인해 교회의 본질이 파괴되는 문제를 피할 수 있다.

이런 관점에서, 교회에서 말하는 "사회법"은 그냥 "법"이고, "사회법정"은 그냥 "법정"이다. 기독교인이건 아니건, 이 땅을 살아가는 우리가 그 권위를 인정하고 또한 그것에 근거해서 우리의 권리를 주장해야 하는, 단 하나의 "법"과 "법정"이다. 하나님의 교회가 이 땅 위에 가시적인 형태로 존재하는 이상, 인간의 법의 테두리 안에서 살아갈 수 밖에 없다. 하나님의 교회가 인간의 법을 초월하는 방식은, 예컨대 〈레미제라블〉에 나오는 미리엘 주교 같은 방식이어야지, 지금처럼 인간의 법은 교회에 적용되지 않는다는 태도여서는 안 된다.

[영역 Ⅲ]에서 하나님의 교회가 인간의 법을 뛰어넘으려고 하는 것, [영역 Ⅱ]에서 종교 영역의 공적 영역에 대한 절대우위를 주장하는, 바로 그런 태도가 교

도덕법 위에 영적 제사법이 있다"라고 발언한 바 있다. '공공도로 점유' 사랑의교회 목사 "사회법 위에 영적 제사법 있다", 한겨레신문 (2016. 6. 16.자)

회의 본질을 해친다. 그것은 바로 성聖이 속俗의 우위에 서 있다는 잘못된 이원론에서 비롯된 것이기 때문이고, 십자가에서 죽으심으로 사망 권세를 이기신 예수 그리스도의 길과는 전혀 다른 왜곡된 승리주의가 발현되는 행태이기 때문이다.

김동춘
- 총신대학교 신학대학원 (M.Div.)
- 독일 하이델베르크대학교 디아코니아 학연구소
- 독일 하이델베르크대학교 (Dr.theol.)
- 현) 국제신학대학원대학교 조직신학 교수
- 현) 현대기독연구원 대표
- 현) 기독연구원느헤미야 연구위원

조석민
- 합동신학대학원대학교(M.Div.)
- 영국 글로스터셔 대학교(B.A.)
- 영국 Trinity Theological College(ADPS)
- 영국 브리스톨 대학교(M.A., Ph.D.)
- 현) 에스라성경대학원대학교 신약학교수
- 현) 교회개혁실천연대 전문위원
- 현) 기독연구원느헤미야 연구위원

권연경
- 미국 풀러신학대학원 (M.Div.)
- 미국 예일대학교 (S.T.M.)
- 영국 킹스칼리지 런던 (Ph.D.)
- 현) 숭실대학교 기독교학과 교수
- 현) 기독연구원느헤미야 연구위원

유정훈
- 서울대학교 법과대학 졸업
- 미국 Georgetown University Law Center(LL.M.)
- 현) 법무법인 이제 변호사